골프, 사람을 읽다
―그린에 ON, 마음

저자 정경조
경희대학교 정치외교학과
연세대학교 영문학 석사, 박사
현 한국골프과학기술대학교 교수

저서
말맛으로 보는 한국인의 문화(2013)
맛으로 보는 한국인이 문화(2014)
살맛 나는 한국인의 문화(2016)
詩가 있는 골프에 山다(2017)
주말골퍼들이 코스 따라가며 찾아보는 골프 규칙 60(2020)
Fun할 뻔한 Golf Rule(2021)
(통합권) 말맛으로 보는 한국인의 문화(2022)
자신감 UP 스피치(2023)

골프, 사람을 읽다
ⓒ 정경조

2025년 10월 1일 초판 1쇄 펴냄

펴낸곳 J&J Culture
펴낸이 정수현

디자인 디자인 지폴리
인 쇄 수이북스

등 록 2017.08.16 제300-2017-111호
주 소 원주시 지정면 가곡로 50, 1002-1901

전 화 010-5661-5998
팩 스 0504-433-5999
이메일 litjeong@hanmail.net

ISBN 979-11-984265-4-3 03690

값 18,000원

주문은 문자로~!   010-5661-5998
입금계좌 국민은행 813001-04-086498
예금주 제이제이컬처

그린에 ON, 마음

골프, 사람을 읽다

정경조

J&J Culture

| 머리말 |

안개가 엷게 깔린 새벽, 동쪽 하늘이 서서히 빛을 머금기 시작한다. 이슬 맺힌 페어웨이는 마치 시간을 붙잡아 두려는 듯 고요하고, 먼 곳에서 깃발이 바람에 속삭인다. 숨을 고르고 티 위에 올린 공을 바라보는 순간, 세상은 단 하나의 목표와 나만 남고, 그 작은 공 너머로 나는 내 삶을 마주한다.

골프는 단순히 공을 치는 게임이 아니다. 그것은 내면을 비추는 거울이자, 삶의 철학을 압축한 무대다. 한 번의 스윙에는 사고와 감정, 관계와 윤리, 전략과 실패가 교차하며, 그 모든 순간이 '나는 누구인가'라는 묵직한 질문을 던진다.

골프의 규칙은 경기 질서를 위한 기술적 장치인 동시에, 양심과 도덕, 공정성과 책임을 시험하는 인문학적 장치다. 우리는 스코어를 스스로 기록하며, 규칙을 어겼을 때 자신을 스스로 심판한다. 이는 골프 코스가 단순한 경기장을 넘어, 우리 사회와 인간 본성의 축소판임을 보여준다.

골프는 또한 관계의 예술이다. 조용히 기다리고, 코스를 배려하며, 동반자의 플레이를 존중하는 에티켓은 단순한 예의가 아니라 공동체 의식의 표현이다. 규칙은 관계 속에서 살아 숨 쉬고, 배려는 경쟁 속에서 꽃을 피운다. 골프는 우리에게 함께 살아가는 법을 가르쳐준다.

그리고 골프는 철학의 연습장이다. 수십 번의 시도와 실패, 그리고 드물게 찾아오는 완벽한 순간. 전략과 직관이 교차하고, 좌절과 희열이 번갈아 오는 그 여정은 인생 그 자체를 닮았다. 골프는 한 번의 티샷으로 시작되지만, 끝날 때는 반드시 '나 자신'과 마주하게 한다.

이 책은 골프라는 렌즈를 통해 인간과 사회, 철학과 윤리를 탐구한다. 총 4장으로 구성된 이 책은 장마다 하나의 인문학적 질문을 던지고, 그 답을 골프에서 찾아간다. 각 장의 끝에는 골프 시 한 편과 성찰을 돕는 세 가지 질문, 그리고 짧은 답변을 담았다.

1장 철학과 심리(내면의 골프)는 사고, 감정, 존재의 의미를 골프를 통해 탐구한다. 2장 인간관계와 사회(사람 사이의 골프)는 관계, 예의, 공동체, 사회적 역할을 성찰한다. 3장 기술과 전략(경기의 골프)은 기술적 요소와 전략적 사고, 경기 운영을 다룬다. 4장 규칙과 윤리(질서의 골프)는 규칙, 공정성, 책임, 정의, 제도의 의미를 살펴본다.

골프를 사랑하는 사람은 물론, 인생의 의미를 묻는 모든 이에게 이 책이 작은 거울이 되기를 바란다. 『골프, 사람을 읽다』의 마지막 장을 덮는 순간, 당신은 골프를 넘어 사람과 사회, 그리고 자신을 새롭게 바라보게 될 것이다.

차례

1장
철학과 심리 (내면의 골프)

01 한 자릿수 핸디캡의 골프가 가르쳐준 삶의 태도는
무엇일까? —— 012

02 골프에서 '가서는 안 되는 길'의 후회는 배움의
흔적이며, '가지 않은 길'의 미련은 도전의 동기일까? —— 018

03 골퍼와 시시포스(Sisyphus), 누가 더 가혹한 형벌을
받고 있는가? —— 025

04 3A-3C-3R 과정에서 골퍼의 일관성과
'여측이심(如廁二心)'은? —— 031

05 4분의 스윙 뒤에 이어지는 3시간 56분의 후회는
아쉬움일까, 다음을 위한 준비일까? —— 037

06 골프의 '테이크어웨이'처럼 시작이 되는 순간은
삶의 전환점, 내면의 준비, 흐름의 시작일까? —— 043

07 식물 생장에 필요한 미량원소와 '스트로크 세이버'
퍼팅의 관계는? —— 049

08 아마추어는 이기기 위해 싸우고, 프로는
지지 않기 위해 싸울까? —— 055

09 침대와 골프 코스, 세계에서 가장 위험한 장소는
어디일까? —— 061

10 골프는 아까운 돈과 시간을 버리는 행위인가,
뚜렷한 목적을 위한 생활 스포츠인가? —— 067

11 골프 라운드는 일과 놀이 그리고 휴식이
조화를 이루는 마법의 공간인가? —— 074

2장
인간관계와 사회 (사람 사이의 골프)

12 '접대골프'의 핵심은 마땅한 예(禮)로써 상대방을
　　대하는 '대접'일까? —— 082

13 골퍼 십계명을 '골프에 대한 사랑'과 '동반자에 대한
　　배려'로 요약할 수 있을까? —— 088

14 존경받는 프로 골퍼는 뛰어난 경기력 외에 어떤
　　자질이 필요한가? —— 098

15 나는 네게 반쪽의 부족함을 채워가는 포섬일까,
　　각자의 길에서 최선을 다하는 포볼일까? —— 104

16 골프 실력만큼이나 최고의 골프 동반자가 갖춰야 할
　　조건은 무엇일까? —— 110

17 한국 골프계만의 여고남저(女高男低) 현상의 원인은
　　무엇일까? —— 117

18 그린 위의 권력 게임에서 대통령직에 있어도
　　국민에게 지는 대통령이 될 수 있을까? —— 126

19 골프계에 부는 모래바람이 돈바람인가,
　　혼돈의 돌개바람인가? —— 132

20 골퍼에게 4월은 가장 잔인한 달일까? —— 141

21 페어웨이 위의 자본주의는 인간을 어떻게
　　경쟁시키고 소비하는가? —— 146

22 대한민국 골프의 대중화 현황과 과제는? —— 152

# 3장

기술과 전략(경기의 골프)

23 뱀의 속성이 골프에서 코스 공략 방식과
   관련이 있을까?　　　　　　　　　　　　—— 160
24 프러퍼드라이(Preferred Lie), 우연은 행동하는
   자의 몫이고, 기회는 선택하는 자의 몫일까?　—— 166
25 골프라는 스포츠의 철학과 방향성에
   어려운 코스 Setup은 도움이 될까?　　　　　—— 172
26 골프 라운드에서 만나는 위기는 걸림돌인가,
   디딤돌인가?　　　　　　　　　　　　　　—— 179
27 골프 규칙, 아는 것이 힘일까. 모르는 게 약일까?　—— 185
28 Tiger Woods의 존재 가치를 무엇으로 증명할까?　—— 192
29 이름이 존재의 본질을 드러내는 언어적 도구라면
   G.C와 C.C는?　　　　　　　　　　　　　—— 198
30 겨울 골프 요령에서 가장 중요한 것이 안전일까?　—— 205
31 골프 코스에서 예측할 수 없는 재앙이 있을까?　—— 210
32 골프라는 경기의 미학적 가치를 높이는
   캐디의 역할은 무엇일까?　　　　　　　　　—— 216
33 지자요수(智者樂水) 인자요산(仁者樂山)이면
   골퍼는?　　　　　　　　　　　　　　　　—— 222

4장
규칙과 윤리(질서의 골프)

34 구제(relief)는 고통의 완화인가, 부활의 시작인가? —— 230
35 골프 경기의 순연과 취소는 스포츠의 공정성 원칙을
    지키고 있는가? —— 236
36 잘못된 골프 용어를 사용하는 것은 사회적 약속을
    파기하려는 쿠데타인가? —— 244
37 코스 라운드에서 가장 긴장되는 순간이
    죽음을 부른다면? —— 250
38 골프 규칙 1.2a는 상대의 배려와 나의 이해가 만나야
    편안한 관계가 된다는 걸 알려주는 것일까? —— 256
39 골프 규칙 위반은 주홍 글자 A의 낙인인가,
    새로운 브랜드인가? —— 262
40 골프 규칙 위반에서 한 번 이상 반복된 실수는
    선택일까? —— 268
41 골퍼 개인의 기본권과 협회의 이익이 대립할 때
    정의의 여신 디케의 저울은? —— 274
42 규칙의 미로 속에서: 골프가 비추는 질서와 형평 —— 281
43 골퍼들이 가장 자주 어기는 골프 규칙 —— 286

1장

철학과 심리
— 내면의 골프

- 삶의 태도와 골프의 교훈
- 후회와 도전
- 골프와 형벌의 은유
- 일관성과 심리적 갈등
- 스윙 이후의 성찰
- 시작의 의미와 내면의 준비
- 미량원소와 퍼팅의 정밀성
- 아마추어 vs 프로의 태도
- 위험과 안전이 인식
- 골프의 목적성과 가치
- 일·놀이·휴식의 조화

한 자릿수 핸디캡의 골프가 가르쳐준 삶의 태도는 무엇일까?

골퍼의 꿈은 무엇일까? 투어프로 선수들은 첫 우승을 꿈꾸고, 이제 막 골프를 시작한 사람들은 첫 라운드를 꿈꾼다. 100타 깨기를 목표로 하는 골퍼도 있고, 보기 플레이어나 80대 타수를 원하는 골퍼도 있다. 골퍼 중에서 가장 많은 핸디캡 20~30의 골퍼, 즉 골프장을 먹여 살리는 골퍼들의 포기할 수 없는 꿈은 한 자릿수 핸디캡을 가진 골퍼, 즉 싱글 디짓 핸디캐퍼(single digit handicapper)가 되는 것이다. 싱글 골퍼는 결혼 안 한 골퍼고, 싱글 플레이어는 동반자 없이 혼자 플레이하는 골퍼다.

공식 핸디캡을 지닌 골퍼의 1%만이 한 자릿수에 속한다는 것이 다소 놀랍지만 얼마나 많은 골퍼가 이 목표를 위해 그만두기와 다시 시작하기를 반복하는지 잘 보여주는 수치다. R&A와 USGA 공식 핸디캡

규칙에서 보기 플레이어는 남성이면 20.0, 여성이면 24.0의 핸디캡 인덱스(Handicap Index)를 가진 플레이어다. 그리고 모든 골퍼가 열망하는 한 자릿수의 핸디캡 인덱스는 9.4 이하인데, 9.5 이상은 시합에서 10으로 반올림되기 때문이다.

골프 고수인 '로 핸디캐퍼(Low handicapper)'는 대부분 "이 경지에 오르기까지 내가 아파트 몇 채는 팔아먹었을 거다"라고 말한다. 결국 시간과 돈, 그리고 열정을 투자하지 않은 고수는 없다는 것이다. 한 자릿수 핸디캡을 유지하는 골퍼들의 비결은 샷을 하는 방법이나 기술적인 측면이 아니라 심리적 게임이라는 특성에 맞게 골프를 대하는 태도에 있다.

첫째, 가능한 한 자주 플레이하라.
골프는 짧은 시간 연습해서 실력이 급상승하는 스포츠가 아니다. 가까운 곳에 퍼팅 매트가 있어야 하고, 기회가 있을 때마다 골프클럽을 손에 쥐어야 하고, 한 자릿수 핸디캡을 원한다면 연습장과 코스에 자주 나가야 한다. 한 달에 한 번 코스에 나가는 고수는 없다. 군대 짬밥이 전투력을 결정하듯 연습장에서 친 볼의 개수와 잔디 밟는 횟수가 실력을 좌우한다.

둘째, 인내는 쓰지만, 그 열매는 달다.
골프 고수는 포기하지 않는 자세가 필요하다. '경기는 끝날 때까지 끝난 게 아니고 골프는 장갑을 벗어봐야 안다'라는 말의 의미를 깨달은 사람만이 고수다. 18홀 라운드 동안 반드시 몇 번의 위기는 찾아온다. 심지어 볼을 잃어버리거나 OB가 났어도 그 최악의 상황에서 최선의 결과를 만들어 내는 사람이 고수다. 한 홀에서 2타를 잃어도 그 불행이 모든 라운드를 망치게 두지는 않는다. 잃어버린 타수는 복구할 기회가 올 때까지 참고 기다리는 것이다. 2022 윈덤 챔피언십에서 1라운드 1번 홀을 쿼드러플 보기(4 over par)로 시작하고도 20세에 PGA 최연소 우승을 한 김주형(Tom Kim)이 가장 좋은 예다.

셋째, 실패는 성공의 어머니다.
골프는 실수를 줄이는 경기라고 한다. 열심히 연습하는 목적도 그 실수확률을 줄이려는 것에 있다. 그래서 버디 3개 트리플 보기 1개로 72타를 친 것보다는 보기 없는 플레이로 72타를 친 것을 더 높이 평가하는 것이다. 이러한 피할 수 없는 실수를 대하는 태도에도 고수와 하수가 차이가 있다. 하수는 그날의 베스트 샷, 가장 멀리 보낸 드라이버 샷을 기억하지만, 고수는 그날 자신이 잘못한 샷들을 복기한다. 그래서 다시 그 골프장 그 홀에 오게 되면 같은 실수를 반복하지 않는 것이다. 결국 실패로부터 그것을 극복하는 자신감을 키워 내는 것이 고수다.

넷째, 골프에는 진심이어야 한다.
한 자릿수 핸디캡을 유지하는 골퍼에게 신중하지 않은 샷은 없다. 인생에서 단 한 번뿐인 그 모든 스트로크에 최선을 다한다. 동반자를 이기기 위해서가 아니라 스스로 만족할 수 있는 플레이를 하기 위해 최선을 다한다. 자신보다 더 멀리 보낸 티샷을 부러워하기보다는 더 먼 곳에서 그린 위 깃대에 더 가깝게 붙이는 것에 집중한다. 옷은 아무거나 입어도 클럽은 소중히 다루고, 계산서는 대충 봐도 퍼팅 그린은 꼼꼼히 읽는다. 자신이 골프를 진심으로 대해야 골프도 자신에게 정직하다는 진리를 아는 것이 고수다.

이 모든 원칙을 지켜내고 한 자릿수 핸디캡을 유지하는 골퍼들의 변하지 않는 특징이 바로 긍정적 생각을 가진 낙관주의자들이라는 것이다. 결국 골프를 즐기는 자가 진정한 고수다. 모든 골퍼의 건강과 행운을 빈다.

숫자 하나의 무게

핸디캡 9.4
그 뒤에 숨은 시간들
잔디 위에 쌓인 날들
나는 백 번쯤 포기했고
백한 번째 다시 시작했다.

어느 날은 볼이 티마커보다 더 낮게 깔렸고
또 다른 날은 벙커 속에서 미래를 캤다.
그래도, 장갑은 벗지 않았다.
희망이 남아있었으니까.

트리플 보기보다 더 어려운 건
자신을 이해하는 일
그리고, 조용히 퍼팅라인을 따라
반성문을 굴리는 일

열정은 클럽을 닦고
진심은 그립을 조인다.
싱글 핸디캡,
그건 성적표가 아니라
내 상처의 다른 이름

인문학적 성찰을 위한

Q1. 한 자릿수 핸디캡 골퍼가 삶에서 보여주는 태도는 무엇인가?

끈기, 복기, 진심, 그리고 긍정—실수와 실패를 성장의 자양분으로 삼는 자세다.

Q2. 골프에서의 실패는 어떻게 삶의 교훈이 되는가?

실패를 복기하고 반복하지 않으려는 노력은 인생에서도 실수를 줄이는 지혜로 이어진다.

Q3. 진정한 고수는 어떤 사람인가?

스코어보다 태도를 중시하고, 경쟁보다 자기만족을 추구하며, 골프를 진심으로 대하는 사람이다.

골프에서 '가서는 안 되는 길'의 후회는 배움의 흔적이며, '가지 않은 길'의 미련은 도전의 동기일까?

"단풍 든 숲속에 두 갈래 길이 있다. 몸이 하나니 두 길을 가지 못하는 것을 안타까워하며, 한참을 서서 낮은 수풀로 꺾여 내려가는 한쪽 길을 멀리 끝까지 바라보았다…. (중략)…. 오랜 세월이 지난 후 어디에선가 나는 한숨지으며 이야기할 것이다. 숲속에 두 갈래 길이 있었고, 나는 사람들이 적게 간 길을 택했다고. 그리고 그것이 내 모든 것을 바꾸어 놓았다고."

미국인들이 가장 사랑하는 시인인 로버트 프로스트(Robert Frost)의 대표적인 시 '가지 않은 길(The road not taken)'이다. 인생의 선택과 그 결과를 숲속에 난 두 갈래 길로 표현하여, 동시에 두 길을 갈 수 없는 갈등과 고뇌, 그리고 인간적 한계를 드러내고, 자신이 걸어온 길보다는 가지 않았던 길에 대한 미련을 '한숨'으로 나타내고 있다.

이 시는 우리 삶에서 선택의 중요성과 그 선택이 우리의 운명을 어떻게 바꿀 수 있는지에 대한 강력한 메시지를 담고 있다. 인생과 마찬가지로 골프도 선택의 스포츠다. 스윙, 클럽, 골프장 레이아웃과 남은 거리에 따른 선택은 작게는 스코어나 우승자, 크게는 골퍼의 운명을 결정할 수 있다.

골프는 전략, 기술, 집중력, 그리고 선택의 게임이며, 라운드의 각 구간은 새로운 도전 과제를 제시한다. 골프에서 각 선택의 중요성과 고려해야 할 요인 중 첫 번째 선택은 첫 티잉 구역에서 시작된다. 어떤 클럽을 선택하고 어느 방향으로 얼마의 힘으로 공을 칠지는 그 라운드의 전반적인 성과에 큰 영향을 미친다. 출발 티에서의 선택과 그 결과는 라운드 전체에 대한 흐름을 결정하는 중요한 부분이기 때문에 전부 다 거는 도박은 옳지 않은 선택이다. 안전 자산에 분산 투자해야 한다.

두 번째 선택은 그린을 향해 치는 어프로치 샷이다. 공이 놓여 있는 라이와 그린까지의 거리라는 두 가지 변수가 고려된 선택이 이루어져야 한다. 라이가 좋고 그린이 가깝다면 핀을 향한 공격적이고도 정확한 공략으로, 샌드웨지나 로브 웨지, 또는 피칭 웨지를 사용하여 핀에 최대한 가깝게 붙여야 한다. 하지만 라이가 좋지 않거나 긴 거리가 남았다면 핀이 아니라 그린에 안전하게 공을 올리기 위한 클럽으로 샷을 해야 한다. 핀과 그린에 대한 선택 투자다.

세 번째 선택은 그린에 공을 올렸을 때, 그린의 모양과 높낮이, 그린 빠르기를 고려한 퍼팅이다. 그린을 읽고 퍼팅라인이 직선에서 벗어나는 '브레이크 포인트'(Break point)를 찾는 능력은 많은 연습과 실전이 필요하고, 퍼팅의 세기와 방향에 관한 판단에는 골퍼의 집중력과 감각이 큰 역할을 한다. 버디라는 대박을 노릴 것인지, 쓰리퍼트라는 악재를 피하려고 홀에 공을 넣기 위한 것이 아니라 핀에 가깝게 붙이는 '래그 퍼트'(Lag putt)를 선택할 것인지에 관한 핀셋 투자가 필요한 시점이다.

마지막으로, 라운드 중에 발생하는 경기 외적 상황의 선택이다. 이 상황은 대부분 함께 골프 라운드를 하는 사람에서 비롯된다. 상대방(Opponent)은 매치플레이에서 플레이어가 대항하여 경쟁하는 사람을 말하고, 파트너(Partner)는 매치플레이나 스트로크플레이에서 한 편을 이루어 함께 경쟁하는 플레이어를 말한다. 사람과 사람의 경쟁에서는 골퍼의 경기 운영 능력과 심리적 강인함이 경기의 결과를 좌우할 수 있다. 적과의 동침인지 한배를 탄 동지인지 구별할 수 있어야 한다.

골프는 선택의 게임이며, 위의 네 가지 연속적인 선택들이 모여 스코어를 만든다. 출발 티에서 그린까지, 순간마다 어떤 클럽을 선택하고 어떤 전략을 세울 것인가가 승패를 좌우한다. 골프는 실력과 훈련뿐만 아니라, 지혜와 전략이 필요한 스포츠로서 골퍼에게 항상 새로운 선택을 통한 도전을 요구한다.

선택(Choice)과 결정(Decision)은 비슷한 의미지만 차이점이 있다. 선택은 한 가지 대안을 고르고 해당 대안을 실행하는 것으로서 그 결과가 상대적으로 간단하지만, 결정은 대안 선택을 포함하면서도 더 복잡한 상황의 미래 결과와 장기적인 영향을 고려하는 과정이다.

골프에서의 선택, 그리고 인생에서의 선택은 우리가 어떤 사람이 되고 싶은지에 대한 결정의 반영이다. 그리고 그 결정이 어떻게 우리의 골프 스코어와 우리의 인생을 형성할 수 있는지 기억해야 한다. '가서는 안 되는 길'과 '가지 않은 길'의 후회와 미련의 크기는 하늘과 땅 차이기 때문이다.

'가서는 안 되는 길'은 이미 지나온 길이다. 내가 그 길을 선택했고, 그로 인해 상처를 입었으며, 어떤 대가를 치렀다. 이 후회는 사실적이고 구체적이다. 관계에서의 실수, 직업 선택의 오류, 가치관에 반하는 행동 등, 잘못된 선택은 우리의 삶에 분명한 흔적을 남긴다. 이런 후회는 우리가 다시는 같은 실수를 반복하지 않게 만든다. 비록 고통스럽지만, 그 고통은 성장의 밑거름이 되기도 한다.

반면 '가지 않은 길'의 미련은 아직 시도되지 않은 가능성이다. 선택하지 않았기에 상처도 없지만, 그만큼 확신도 없다. "그 길을 갔더라면…"이라는 생각은 무한한 상상 속에서 이상화된다. 가지 않은 길은 늘 아름다워 보인다. 기회는 더 많았을 것 같고, 성공도 더 쉬웠을 것 같고, 행복도 더 컸을 것만 같다. 하지만 이 감정은 실체가 없으며, 때로는 현재의 삶을 부정하게 만드는 착각을 일으킨다.

우리가 살아가는 동안, 이 두 감정은 끊임없이 교차한다. 어떤 선택은 후회를 남기고, 어떤 선택은 미련을 만들어 낸다. 하지만 중요한 것은 그 감정에 잠식되기보다는 그것을 이해하고 받아들이는 것이다. 후회는 배움의 흔적이며, 미련은 도전의 동기일 수 있다. 한 걸음 한 걸음이 의미 있다는 것을 인정할 때, 과거의 모든 길은 결국 우리를 더 단단하게 만든다.

두 갈래의 페어웨이

단풍 진 숲처럼 펼쳐진 페어웨이,
티박스 위, 나는 멈춰 섰다.
왼쪽은 짧고 안전한 길,
오른쪽은 굽이친 도전의 벙커.
High Risk High Return!

가서는 안 될 길은 없다.
하지만, 가면 안 되는 길은 있다.
그 길은 내 선택이다.
스코어 카드에 남긴 후회는
내 다음 샷에 깊이를 더하지만
가지 않은 길엔 언제나 이정표가 없다.
흘러간 바람처럼 미련만 있을 뿐.

한 홀, 한 샷을 위한 선택이
운명을 쌓아 올리는 라운드.
나는 묻는다 ― 이 길이 나를 어디로 데려갈까?
시간이 지나면 안다.
결과는 몰랐을지라도
내가 택한 길이 최선이었다는 것을.

인문학적 성찰을 위한
Q & A

Q1. 골프에서 '가서는 안 되는 길'과 '가지 않은 길'은 무엇을 의미하는가?

'가서는 안 되는 길'은 실수와 후회의 흔적이며, '가지 않은 길'은 가능성과 도전의 상징이다..

Q2. 이 두 감정은 골퍼에게 어떤 영향을 주는가?

후회는 배움의 흔적이 되어 실수를 반복하지 않게 하고, 미련은 새로운 도전을 향한 동기를 제공한다.

Q3. 선택의 결과를 어떻게 받아들여야 하는가?

후회와 미련에 잠식되기보다 그것을 이해하고 받아들이며, 모든 선택이 나를 단단하게 만든다는 사실을 인식해야 한다.

골퍼와 시시포스(Sisyphus), 누가 더 가혹한 형벌을 받고 있는가?

골프와 그리스 신화 속 시시포스의 형벌을 비교하는 것은 언뜻 보기에는 다소 이질적으로 보일 수 있지만 골퍼와 시시포스의 끊임없는 도전과 실패에서 인생의 교훈과 철학적 성찰을 발견할 수 있다. 시시포스는 신들을 속인 죄로 인해 거대한 바위를 산 정상까지 굴려 올리는 형벌을 받았다. 그러나 바위는 언제나 정상에 도달하기 직전에 다시 산 아래로 굴러떨어지고, 시시포스는 이를 끊임없이 반복해야만 한다. 이 형벌은 부질없는 노력을 상징하며, 인간의 끝없는 도전과 실패를 비유적으로 나타낸다.

매일 같은 일을 무한 반복해야 하는 형벌을 받은 시시포스가 불행한 이유는 어제와 다름없는 오늘, 오늘과 다름없는 내일이 있기 때문이다. 만약에 시시포스에게 날마다 다른 크기와 다른 무게의 바위를 밀어 올리라고 했다면 아마도 덜 불행해했을지도 모른다. 다시 말해서 시시포스의 불행은 바위를 밀어 올리는 힘든 노동에 있는 것이 아니라 견딜 수 없는 지루함에 있다는 말이다.

20세기 영국을 대표하는 철학자 버트런드 러셀(Bertrand Russell)은 그의 저서 『행복론』에서 일상적인 불행은 개인이 지루함을 느낄 때라고 말한다. 러셀이 말하는 지루함이란 '사건이 일어나기를 바라는 마음이 좌절된 상태'를 말한다. 다시 말해서 '사건'이 없으면 인간은 지루해하고, 지루함은 인간이 불행하다고 느끼게 한다. 러셀이 말하는 사건이란 '어제와 오늘을 구별해 주는 그 무엇'이다.

하지만, 골프는 지루하지 않다. 골프는 9홀을 두 바퀴 돌아도 두 라운드가 똑같은 경우는 절대 없다. 연속으로 같은 타수를 쳤어도 매번 플레이할 때마다 다른 게임처럼 다른 도전 과제를 제공한다. 자연과의 대결 또한 또 다른 재미다. 영국이 아니어도 날씨는 매일 다르다. 어느 날은 화창한 날씨 속에서 플레이할 수 있고, 다음 날은 강풍이나 비바람과 싸울 수도 있다.

골프는 기술과 정신력의 끝없는 시험이다. 매 라운드는 새로운 도전이고, 매 샷은 완벽함을 향한 시도다. 골퍼는 완벽한 스윙을 위해 수많은 연습을 거듭하고, 목표를 향해 끝없는 노력을 기울이지만 실수는 불가피하며, 목표에 도달하지 못하는 경우도 많다. 이 과정에서 골퍼는 좌절을 경험하고, 시시포스처럼 처음부터 다시 시작해야 한다.

시시포스의 이야기는 피할 수 없는 실패에 맞서는 인내의 개념을 강조한다. 그의 존재를 정의하는 것은 목표 달성이 아니라 끊임없는 노력과 절망에 굴복하지 않는 것이다. 시시포스와 골퍼의 차이점은 골퍼의 반복적인 도전은 끊임없는 자기 계발의 과정이라는 것이다. 골퍼는 매번의 실수와 실패를 통해 배우고, 더 나은 플레이를 위해 노력한다. 골프는 완벽함을 추구하지만, 그 완벽함은 결코 쉽게 얻어지지 않는다.

인간은 본질적으로 완벽함을 추구하지만, 그 완벽함은 항상 도달 불가능한 목표일 수 있다. 골프에서도 마찬가지다. 어떤 골퍼도 모든 샷을 완벽하게 하지는 못한다. 그러나 그들은 여전히 완벽함을 향한 열망을 버리지 않는다. 이 과정에서 골퍼는 자신과의 싸움을 통해 성취감을 느끼고, 자기 발전을 이룰 수 있다.

결론적으로, 골퍼와 시시포스의 형벌은 반복적인 노력과 도전의 중요성을 강조한다. 비록 완벽함은 쉽게 도달할 수 없는 목표일지라도, 그 과정에서 얻는 성취감과 자기 발전은 그 자체로 소중한 것이다. 골프를 통해 우리는 시시포스와 같은 끊임없는 도전의 의미를 되새기고, 이를 통해 삶의 의미를 찾을 수 있다. 골프는 단순한 스포츠가 아니라, 인생의 철학을 담고 있는 중요한 활동임을 다시 한번 느낄 수 있게 해준다.

지친 표정, 긁히고 상처 난 몸뚱이로 한때는 왕이었던 시시포스가 굴러떨어진 바위 곁으로 돌아가 다시 정상을 바라보며 내딛는 발걸음을 생각해보라. 알베르 카뮈(Albert Camus)는 그의 책 『시시포스 신화』((Le) Mythe de Sisyphe) 마지막 장에서 "산정(山頂)을 향한 투쟁 그 자체가 인간의 마음을 가득 채우기에 충분하다. 행복한 시시포스를 마음속에 그려보지 않으면 안 된다"라고 했다. 이제 다시 골프클럽을 집을 용기가 생겼는가?

시시포스와 골퍼

시시포스는 바위를 굴리고 골퍼는 볼을 친다.
하나는 형벌이고 다른 하나는 열망이다.

산은 늘 같지만 코스는 늘 다르다.
시시포스의 바위는
정상 앞에서 배신하지만
골퍼의 볼은 홀 앞에서 외면한다

시시포스는 어제와 같은 오늘을 살고
골퍼는 어제와 다른 오늘을 꿈꾼다.
바람은 매번 다르고 잔디는 매번 새롭다.
샷은 실패해도 다음 홀은 희망이다.

시시포스는 신의 벌을 견디고
골퍼는 자기 자신을 이긴다.
골퍼는 행복한 시시포스!

볼은 굴러가고 몸은 지치지만
오늘도 골퍼는 완벽을 향해
다시 티잉 구역에 선다.

인문학적 성찰을 위한

Q1. 골퍼와 시시포스의 반복은 어떻게 다른가?

시시포스는 같은 바위를 반복하지만, 골퍼는 매번 다른 조건과 전략으로 새로운 도전을 한다.

Q2. 골프가 인간 존재의 철학과 연결되는 이유는 무엇인가?

골프는 완벽함을 향한 끝없는 시도와 실패 속에서 자기 성찰과 성취를 경험하게 하는 삶의 은유다..

Q3. 카뮈가 말한 '행복한 시시포스'는 골퍼에게 어떤 의미를 주는가?

도전 그 자체가 삶의 의미이며, 반복 속에서도 성장을 발견할 수 있다는 희망을 상징한다.

3A-3C-3R 과정에서 골퍼의 일관성과 '여측이심(如廁二心)'은?

'여측이심(如廁二心)'은 화장실 갈 때 마음이 다르고 나올 때 마음이 다르다는 말로 급할 때는 간이라도 빼줄 듯 굴다가 급한 일이 마무리되고 나면 금세 마음이 변하는 꼴을 이르는 말이다. 인간의 양면성을 드러내는 부정적인 의미로 사용되며, 변하지 말아야 하는 마음은 변하고, 변해야 하는 행동은 변하지 않는 속성에 기인한다.

하지만 '멘털 게임'(mental game)임을 자부하는 골프에서는 마음은 변해도 행동은 변하지 말아야 한다. 맘이 몸을 앞서가면 몸이 맘을 아프게 하기 때문이다. 어떤 상황이 닥치더라도 몸이 기억하는 스윙의 일관성은 유지되어야 한다.

골퍼가 볼을 치기 전, 볼을 칠 때, 볼을 친 후의 3단계를 상징적으로 나타내는 '3A-3C-3R' 원칙이 있다. 먼저, 3A는 볼을 칠 준비 단계인 'Aiming-Alignment-Address'다. 골프에서 에이밍은 목표를 선택하고 클럽 페이스가 해당 목표를 향하도록 위치를 정하는 과정으로, 볼 뒤에 서서 특정 대상을 선택하고 볼에서 목표물까지의 선(Target line)을 시각화하는 것이다. 얼라인먼트는 타깃 라인을 기준으로 발, 무릎, 골반, 어깨 등의 위치를 타깃 라인과 평행하게 정렬하는 것이다. 어드레스는 스윙을 시작하기 전 마지막 단계로, 클럽의 바닥(sole)을 지면에 대고 볼 위에 서서 취하는 백스윙을 시작하기 직전의 자세를 말한다. 이러한 3A 과정은 코스에서 샷의 일관성과 정확성을 확보하기 위한 가장 중요한 단계다. 이 루틴은 스윙의 탄탄한 기초를 확립하는 데 도움이 되며, 골퍼의 몸이 골퍼가 원하는 샷을 할 수 있는 적절한 위치에 있도록 해준다.

다음으로 3C는 볼을 칠 때 필요한 멘털의 구성 요소로 'Confidence-Concentration-Control'이다. '자신감(Confidence)'은 물음표(?)가 아니라 느낌표(!)다. 볼을 치기 전에 '잘 맞을까? 안 맞으면 어떡하지?' 등의 자신에 대한 부정적인 물음은 전혀 도움이 되지 않는다. 자신감은 긍정의 힘에서 나온다. 잭 니클라우스(Jack Nicklaus)는 "자신감은 골프에서 가장 중요한 요소고, 아무리 재능이 뛰어나도 그것을 얻고 유지하는 유일한 방법은 연습뿐이다"라고 했다. 그만큼 많은 볼을 치고 더 많은 라운드를 경험해야 자신감을 형성할 수 있다는 것이다. 결국 많을 수밖에 없는 미스 샷을 대하는 방식이 자신감 형성과 직결된다고 할 수 있다.

'집중력(Concentration)'은 선(線)이 아니라 점(點)이다. 골프는 주의 산만한 게임이다. 머리 위로 날아가는 까마귀나 타이밍 맞춰 나오는 동반자의 말소리, 재채기와 같은 외부의 산만 함이 있다. 또 하나는 자신의 샷에 대한 의심, 슬라이스, 놓친 퍼트와 생크에 대한 걱정 등 내적 산만함이 있다. 외부 방해 요소를 차단하고 내부 방해 요소를 없애는 방법은 생각과 시선을 선을 따라 펼치는 것이 아니라 한 곳의 점에 모으는 것이다. 아기 피부에 닿아도 해가 없는 햇빛이 렌즈를 통해 한 점에 모이면 광야를 불사를 힘이 된다.

'통제력(Control)'은 자기 신세나 형편에 만족할 줄 아는 안분지족(安分知足)에서 온다. 자신감을 갖고, 집중력을 유지하는 능력 등의 정신적 속성은 모든 골퍼가 코스에서 달성하고자 하는 목표인 통제력으로 모인다. 볼이 놓여 있는 곳은 현재고, 볼이 비행하여 멈추는 곳은 미래다. 원하는 결과인 미래와 타격의 대상인 볼, 즉 현재는 분명히 다른 물리적 위치에 있다. 그렇다면 골퍼가 통제, 또는 제어하기 쉬운 것은 당연히 미래가 아닌 눈에 보이는 현재다. 그 현재 상황에 대한 불만보다는 그 상황에 맞는 올바른 클럽을 선택하여 정확한 샷을 해야 원하는 결과를 얻을 수 있다. 그 결과에서 욕심은 빼야 한다.

마지막으로 골퍼라면 반드시 지켜야 하는 볼을 친 후의 3R이 있다. 첫째는 Replace the divot(디보트를 수리하라). 샷을 하다 보면 디보트가 생기는 게 당연하고, 그린피를 냈으니 골프 코스에 자국을 남기는 것을 비난받지는 않는다. 문제는 그 자국의 처리다. 날아간 떳장을 가

져와 제 자리에 놓고 밟아 주거나, 캐디의 도움을 받아 모래로 채워 넣어도 된다. 두 번째는 Repair the ball mark(그린의 볼 자국을 수리하라). 퍼팅 그린은 일명 '댄스 플로어(dance floor)'라고 불릴 만큼 매끄럽게 다듬어져 있어야 한다. 하지만 어프로치 샷을 하면 어쩔 수 없이 볼이 떨어진 자국이 생긴다. 이것을 볼마크(ball mark) 또는 피치마크(pitch mark)라고 하는데, 수리되지 않은 볼마크는 퍼팅의 가장 큰 장해 요소가 된다. 세 번째는 Rake the bunker(벙커를 정리하라). 벙커에 볼이 들어가면 벙커샷을 하기 위해 두 발을 모래 깊이 파묻는 게 보통이다. 그래서 벙커샷이 끝난 벙커에는 발자국이 만든 웅덩이나 샷의 흔적이 상당하다. 뒤따라오는 골퍼들을 위해 벙커 주위에 있는 고무래를 이용해서 자신의 흔적은 반드시 지우고 가야 한다.

사람들은 세상이 변했다고 말한다. 문제는 자신이 더 변했다는 것을 모르고 있다는 것이다. 10년이면 강산이 변한다지만 사람은 화장실 오가면서도 바뀌는데 말이다. 아무리 변하더라도 '3A-3C-3R' 원칙은 반드시 지키는 골퍼가 되자.

변하지 말아야 할 3ACR

볼 앞에 선다 - 3A
Aiming, Alignment, Address
자세는 흔들림 없이, 스윙은 몸의 기억으로.

볼을 향해 나아간다 - 3C
Confidence, Concentration, Control
자신감은 강하게, 집중은 한 점에, 통제는 지금.

볼은 날아간다 - 3R
Replace, Repair, Rake
디보트는 되돌리고, 볼마크는 다듬고, 벙커는 정리한다.

골프는 변하지 않는 예술!
세상이 변해도 골퍼의 원칙은 그대로.
일관성과 신뢰로 준비하고, 실행하고, 책임진다.

인문학적 성찰을 위한
Q & A

Q1. '여측이심'과 골퍼의 일관성은 어떤 대비를 이루는가?

'여측이심'은 감정의 변화를 뜻하지만, 골퍼는 감정과 상황에 흔들리지 않고 루틴을 지켜야 한다.

Q2. 3A-3C-3R 원칙은 골퍼에게 어떤 의미가 있는가?

준비(3A), 실행(3C), 책임(3R)의 루틴은 골퍼의 기술뿐 아니라 인격과 태도를 단련하는 철학적 훈련이다.

Q3. 골프가 인간에게 주는 가장 큰 교훈은 무엇인가?

변하는 세상 속에서도 자신을 지키는 일관성과 책임감이야말로 진정한 성숙의 증거다.

4분의 스윙 뒤에 이어지는
3시간 56분의 후회는 아쉬움일까,
다음을 위한 준비일까?

긴 겨울이 끝나고 몇 번의 꽃샘추위를 겪은 후 오랜만에 골프 코스에 나갔다. 원주 기업도시에서 스포츠웨어 전문 브랜드 '애플라인드'를 운영하는 김윤수 대표님이 "골프는 Remember입니다. 골퍼들의 IQ가 두 자릿수에요. 4시간 라운드에서 볼 치는데 4분 쓰고, 나머지 3시간 56분은 후회하는 게 골프입니다."라고 했다. 그의 말은 유쾌했지만, 골프의 본질을 꿰뚫는 통찰이 담겨 있었다.

이 말은 골프가 단순히 공을 치는 행위를 넘어, 그 순간의 선택과 결과, 그리고 그에 따른 감정을 오랫동안 되새기게 만드는 게임임을 뜻한다. 골퍼는 단 4분 동안 공을 치고, 나머지 3시간 56분 동안 그 짧은 순간을 후회하거나 곱씹는다. 골프의 기술적인 부분인 에이밍, 어드레스, 얼라인먼트, 볼을 치는 순간의 균형 등 기본자세와 스윙, 정신력이 중요한 스포츠로서의 멘털 관리, 효과적인 코스 공략을 위한 지형의 특성과 그린의 경사를 읽고 전략을 세우는 능력을 일관되게 유지할 수 있도록 연습하는 것도 중요하다. 하지만, 라운드가 끝난 후 더 발전된 골퍼를 위한 피드백이 되도록 골프는 우리에게 무엇인가 기억하라고 제안한다.

첫째, 골프는 겸손을 기억하라고 가르친다.

골퍼의 IQ가 두 자리로 낮다고 해도 코스 위에서는 누구나 자연과 클럽 앞에 작아진다. 완벽한 샷을 날렸다고 자만하는 순간, 다음 홀에서 볼은 벙커로 굴러가거나 숲으로 사라진다. 골프는 한 번의 성공이 영원한 승리를 보장하지 않는다는 사실을, 그리고 매번 새롭게 도전해야 함을 상기시킨다. 자연의 변덕과 코스의 난이도는 골퍼에게 늘 겸허한 자세를 요구한다.

둘째, 골프는 인내를 기억하라고 요구한다.

볼을 치는 시간은 찰나에 불과하지만, 그 뒤의 긴 여정은 기다림과 반성의 연속이다. 바람의 방향, 코스의 기울기, 클럽의 선택 등 모든 변수가 얽힌 상황에서 섣부른 판단은 후회만 남긴다. 한 번의 실수를 만회하려면 침착하게 다음 샷을 준비해야 한다. 골프는 성급함이 아니라 차분한 마음으로 시간을 다스리는 법을 가르친다. 골프는 인내와 자기 통제의 연습장이다. 한 번의 실패가 끝이 아니라, 다음 기회를 기다리는 여유가 승부를 가른다.

셋째, 골프는 자신을 기억하라고 말한다.

18홀을 도는 동안 골퍼는 외부의 적과 싸우는 것이 아니라 자기의 내면과 대면한다. 볼이 엉뚱한 곳으로 날아가면 화가 나고, 좋은 샷이 나오면 기쁨이 넘친다. 그러나 그 모든 감정은 결국 나로부터 비롯된다. 골프는 기술만큼이나 마음가짐이 중요하다는 것을, 그리고 그 마음을 다스리는 것이야말로 진정한 승리라는 것을 일깨운다. 코스 위에서 만나는 건 결국 나 자신이며, 그 대면이 골프의 깊이를 더한다.

넷째, 골프는 동반자를 기억하라고 조언한다.

동료를 배려하고, 코스를 존중하며, 규칙을 따르는 것은 골프의 본질이다. 골프는 혼자 하는 게임처럼 보이지만, 사실 함께 라운드를 도는 동반자와의 관계 속에서 더 깊은 의미를 찾는다. 4시간 이상 코스를 돌며 서로의 샷을 지켜보고, 때로는 조언을 주고받으며, 실수에는 위로를, 성공에는 박수를 보낸다. 이 과정에서 골프는 혼자만의 성취를 넘어 함께하는 이들과의 유대감을 쌓게 한다. 동반자와의 소통은 골프를 단순한 스포츠에서 인간적인 경험으로 승화시킨다.

마지막으로, 골프는 순간을 기억하라고 일깨운다.

18홀을 도는 동안 수많은 샷이 오고 가지만, 그중에서도 특별히 기억에 남는 순간들이 있다. 바람을 뚫고 날아간 완벽한 드라이버 샷, 벙커에서 기적처럼 빠져나온 샌드웨지 샷, 혹은 그린 위에서 홀 안으로 빨려 들어가는 퍼트. 이 짧은 순간들은 골퍼에게 희열을 주고, 오랫동안 마음에 남아 다음 라운드를 기대하게 한다. 반대로, 생크가 나거나 실수로 물에 빠진 볼, OB가 된 샷도 잊히지 않는 교훈으로 남는다. 코스 위의 모든 순간이 결국 다음 샷을 위한 교훈이 된다. 골프는 이렇게 매 순간의 소중함을 느끼고, 그 찰나의 경험을 통해 삶의 희로애락을 되새기게 하여, 이 순간들은 골퍼의 기억 속에 영원히 새겨져 삶의 일부가 된다.

골프는 후회의 게임이기도 하지만, 동시에 배움의 여정이다. 4분의 스윙 뒤에 이어지는 3시간 56분의 시간은 단순한 아쉬움이 아니라, 다음을 위한 준비다. 골퍼는 매번 코스에서 무엇을 잘못했는지, 무엇을 더 잘할 수 있는지를 기억하며 성장한다. 그렇기에 골프는 끝없는 도전이고, 골프 코스는 깨달음의 장이다. 어쩌면 골프가 우리에게 남기는 진정한 메시지는 이것일지도 모른다. 삶처럼, 골프도 완벽함을 추구하는 것이 아니라, 끊임없이 기억하고 나아가는 과정이라는 것을!

기억력 테스트

4분의 스윙은
하늘을 가르지만
3시간 56분은 나를 돌아본다.
후회는 샷의 그림자
기억은 다음 홀의 나침반
골프는 잊지 않는 자의 게임이다.
완벽은 없지만
기억은 남는다.
그게 골프다,
그게 삶이다

인문학적 성찰을 위한
Q&A

Q1. 골프에서 후회는 어떤 의미를 갖는가?

단순한 아쉬움이 아니라, 다음 샷을 위한 준비이자 성장의 자산이다.

Q2. 골프가 우리에게 기억하라고 하는 것은 무엇인가?

겸손, 인내, 자신, 동반자, 그리고 찰나의 순간—모두 삶을 닮은 교훈이다.

Q3. 4시간의 라운드는 무엇을 남기는가?

스윙은 짧지만, 그 여운은 길다. 골프는 기억을 통해 완벽이 아닌 성장을 추구하는 여정이다.

골프의 '테이크어웨이'처럼
시작이 되는 순간은 삶의 전환점,
내면의 준비, 흐름의 시작일까?

윌리엄 셰익스피어의 희곡 《끝이 좋으면 다 좋아》(All's Well That Ends Well)처럼 골프는 볼이 최종적으로 멈춘 곳이 기준이다. 볼이 홀 안에 들어갔다가 나오기도 하고, 나무를 맞고 페어웨이로 들어오기도 하고, 바위에 맞고 튀어 홀인원이 되기도 한다. 하지만 골프가 확률 게임이라면 끝이 좋을 확률을 높이는 데 필요한 것이 있다. 그것이 바로 테이크어웨이(Takeaway)다. 테이크백(take back)이라고 하는 골퍼도 있는데 그것은 잘못된 용어다.

고대 그리스 철학자 아리스토텔레스의 "시작이 반이다(Well begun is half done)."라는 격언은 훌륭한 시작이 성공의 토대가 된다는 진리를 담고 있다. 수많은 동작으로 이루어진 골프 스윙에서 '어드레스 후 클럽을 볼 뒤로 움직이는 최초의 동작으로 클럽이 지면과 평행할 때까지의 구간'을 의미하는 테이크어웨이는 스윙 전체의 운명을 좌우하는 핵심이다.

골프 스윙은 일련의 연결된 움직임으로 이루어진다. 테이크어웨이는 이 연결 고리 중 가장 중요한 첫 번째 시작이다. 시작이 잘못되면 이후 동작에서 이를 보완하려는 부자연스러운 움직임이 발생하고, 이는 균형과 타이밍, 정확성을 무너뜨린다. 반대로 올바른 테이크어웨이는 부드러운 리듬, 정확한 궤도, 그리고 집중력을 자연스럽게 끌어낸다. 한마디로, 성공적인 샷을 위한 모든 조건이 이 첫 동작 안에 담겨 있다.

위대한 골퍼들은 테이크어웨이를 단순한 시작이 아닌, 스윙을 결정하는 순간으로 여겨왔다. 벤 호건은 손과 팔, 어깨가 함께 움직이는 "원 피스 테이크어웨이"를 강조하며 연결성과 일체감을 추구했다. 잭 니클라우스는 "천천히, 그리고 낮게(low and slow)"라는 원칙을 통해 리듬과 폭을 유지하려 했다. 타이거 우즈는 그 어떤 선수보다도 테이크어웨이의 정확성과 일관성에 집착하며, 작은 오류 하나가 전체 스윙에 미치는 영향을 경계했다. 또한 부치 하먼은 스윙 궤도, 리듬, 균형은 좋은 테이크어웨이에서 출발한다고 강조했고, 데이비드 레드베터는 몸과 팔의 동기화된 움직임을 통해 간결하고 반복할 수 있는 스윙을 만든다고 가르친다.

테이크어웨이가 결정적인 이유는 단지 물리적 움직임 때문만은 아니다. 골프는 반응하는 스포츠가 아니다. 선수 스스로가 정지된 상태에서 모든 에너지와 정확성을 창조해야 한다. 이때 테이크어웨이는 마치 골퍼의 숨겨진 의도를 선언하는 순간과 같다. 또한, 테이크어웨이는 골퍼의 심리 상태를 반영한다. 급하고 경직된 시작은 긴장이나 혼란을 의미하고, 부드럽고 자연스러운 시작은 자신감과 안정감을 보여준다. 그래서 많은 코치와 프로 선수들은 테이크어웨이를 단순한 기술이 아닌 멘털 훈련 일부로 다룬다. 일관된 테이크어웨이는 곧 일관된 마음가짐으로 이어지고, 멘털이 절대적인 영향을 미치는 골프에서는 이것이 곧 승부의 열쇠가 된다.

마치 몸이랑 클럽이 '한 조각'처럼 같이 움직이는 '원피스 테이크어웨이(One-Piece Takeaway)'는 어드레스 자세에서 손, 팔, 어깨, 클럽이 동시에 움직이면서 클럽 헤드를 뒤로 빼는 것으로 클럽 헤드가 손보다 먼저 움직이거나, 손이 클럽 헤드보다 먼저 움직이지 않도록 주의해야 한다. 테이크어웨이가 골프 스윙에서 진짜 중요한 몇 가지 이유는 첫째, 스윙 궤도의 기반이 되어 백스윙 탑까지 좋은 궤도를 유지할 수 있고, 둘째, 전체 스윙의 일관성을 높여서 미스샷을 줄일 수 있고, 셋째, 백스윙 시 몸통 회전을 통해 힘을 효과적으로 축적하고, 다운스윙으로 연결될 때 이 힘을 볼에 제대로 전달하고, 마지막으로, 스윙의 시작인 만큼, 테이크어웨이의 속도와 부드러움이 전체 스윙의 리듬과 템포를 결정한다는 것이다.

골프에서 테이크어웨이는 그 시작이 단지 절반이 아니라, 전부가 될 수 있다. 테이크어웨이를 정복한 골퍼는 단지 잘 시작하는 것이 아니라, 잘 끝낼 준비까지 끝낸 셈이다. 첫 단추를 잘 끼워야 옷이 예쁘게 입혀지듯이, 테이크어웨이가 잘 돼야 백스윙, 그리고 다운스윙 전환까지 연결이 자연스럽게 이루어진다.

골프에서든 인생에서든, 어떻게 시작하느냐는 곧 어떻게 이어지고, 어떻게 마무리되는지를 결정한다. 테이크어웨이는 이 단순한 진리를 깊이 있게 증명하는 스윙의 시작이자 완성이다. 무라카미 하루키의 『달리기를 말할 때 내가 하고 싶은 이야기』라는 에세이에서 하루키는 달리기를 통해 삶의 리듬과 집중을 이야기하는데, 그가 매일 아침 운동화를 신는 순간은 하루의 흐름을 결정짓는 조용한 출발점이 된다. 결국 '테이크어웨이'처럼 시작이 되는 순간은 삶의 전환점, 내면의 준비, 흐름의 시작인 것이다.

테이크어웨이, 시작의 철학

손이 움직이기 전
마음이 먼저 움직인다.
테이크어웨이는
몸이 아닌 내면의 시작이다.
낮고 천천히
흐름을 깨우는 첫 동작,
그 순간이 스윙의 운명을 결정한다.
삶도
시작이 반이 아니라
시작이 전부일 때가 있다.

인문학적 성찰을 위한

Q1. 테이크어웨이는 단순한 기술일까?

그것은 스윙의 흐름을 결정하는 물리적 시작이자, 내면의 준비를 반영하는 심리적 선언이다.

Q2. 삶에서 시작의 의미는 무엇인가?

시작은 방향을 정하고, 리듬을 만들며, 마무리의 품격까지 결정짓는 전환점이다.

Q3. 테이크어웨이는 삶의 어떤 순간과 닮았는가?

하루의 첫걸음, 중요한 결심, 혹은 조용한 출발—모든 흐름의 시작이자 완성의 씨앗이다.

식물 생장에 필요한 미량원소와 '스트로크 세이버' 퍼팅의 관계는?

2024년 6월 마지막 주 KPGA와 PGA 투어에서 18홀 마지막 짧은 퍼트가 두 선수에게 큰 아픔을 주었다. 2002년생 동갑내기인 한국의 장유빈과 미국의 악샤이 바티아는 2위에 여유 있는 타수로 앞서다가 결국 마지막 홀 60cm와 1.3m 마지막 퍼트에 실패하며 우승을 놓쳤다. 6월 둘째 주 PGA 투어 메이저 대회인 US오픈에서 우승을 가른 것도 1.2m 퍼트였고, 우승자인 브라이슨 디섐보와 2위 로리 매킬로이의 상금 차이가 27억 원이었다. 18번 홀 마지막 남은 퍼트가 똑같이 1.2m였고, 로리 매킬로이는 실패했고, 벙커샷 이후 1.2m 퍼트를 성공한 디섐보는 4년 만에 두 번째 US오픈 우승을 차지했다.

골프의 본질을 나타내는 'Far and Sure'라는 경구가 있다. 이 말은 모든 골퍼가 직면하는 두 가지 과제, 즉 볼을 멀리 치는 동시에 정확히 보내야 하는 과제를 반영한다. 골퍼들은 모든 샷에서 거리와 정확성이라는 두 가지 목표를 달성하기 위해 노력하지만, 문제는 이 두 요소의 균형을 맞추는 데 있다. 정확성이 부족한 강력한 드라이브는 볼이 러프나 페널티 구역으로 갈 수 있는 위험이 있고, 완벽하게 정확하지만 거리가 부족한 샷은 골퍼가 다음 스트로크에서 유리한 위치를 잡는 데 실패하게 한다.

첫 번째 부분인 'Far'는 볼을 멀리 보내는 능력을 의미한다. 이를 위해서는 체력뿐만 아니라 기술의 숙달도 필요하다. 골퍼들은 비거리를 최대화하기 위해 그립과 자세부터 팔로우 스루까지 스윙 메커니즘을 완벽하게 갖추어야 한다. 두 번째 부분인 'Sure'에서는 정확성과 제어 능력이 강조된다. 볼을 멀리 치는 것만으로는 충분하지 않다. 골퍼는 페어웨이, 핀 근처 등 자신이 목표하는 곳에 볼이 떨어지도록 해야 한다. 현대 골프에서는 기술, 훈련, 장비의 발전으로 선수들이 더 먼 거리를 더 쉽게 도달할 수 있게 되었다. 그래서 비거리에 대한 제한을 두기 위해 2022년부터 48인치 드라이버 샤프트 길이를 46인치로 제한했고, 2023년 12월에는 골프볼 성능 제한도 발표했다. 스윙 스피드 시속 125마일(약 201km), 발사각 11도, 백스핀 2200rpm으로 볼을 쳤을 때 볼의 거리가 317야드(오차 3야드 허용)보다 멀리 가면 안 된다. 이 조건을 적용할 경우, 최장타 골퍼의 드라이버 비거리는 13~15야드 손실이 있을 것으로 예상했다.

그러나 '정확성(Sure)'에 대한 문제에서 우리가 쉽게 간과하는 것이 가장 짧은 거리의 퍼팅이다. 플레이어를 그린에 올려놓는 긴 드라이브와 전략적인 아이언 샷에도 불구하고, 게임의 승패를 결정하는 것은 퍼팅이다. KPGA 투어 평균 드라이브 비거리(312야드) 1위인 장유빈은 2021년부터 3년 연속 평균 퍼트 수 1위이고 2024시즌도 평균 퍼트 수 1.67개로 1위를 달리고 있는 허인회 선수한테 2024 KPGA 투어 비즈플레이 원더클럽 오픈에서 졌다. 장유빈의 0.6미터와 바티아의 1.3미터 마지막 퍼트는 4라운드 72홀의 결과를 뒤집으며 이 단순해 보이는 스트로크의 심오한 중요성을 강조했다.

퍼트는 퍼팅 그린의 홀을 향해 볼을 굴리는 스트로크이며, 퍼팅은 그린 리딩(Green-reading), 터치, 느낌, 정신적인 면까지도 포함하는 스트로크보다 더 넓은 개념이다. 힘과 거리를 요구하는 골프의 다른 샷과 달리 퍼팅은 정확성과 컨트롤이 중요하다. 종종 기복이 심하고 좌우 경사가 많은 그린은 가장 숙련된 골퍼에게도 도전적이다. 퍼팅에는 경사와 잔디 결을 읽는 예리한 눈, 정확한 힘을 전달하기 위한 손, 압박감 속에서도 실행하기 위한 차분한 마음이 필요하다. 즉, 퍼팅은 관찰, 경험, 직관의 조합이 필요한 예술이자 과학이다.

골프에서 각 홀은 티잉 구역에서 하는 스트로크로 시작되고, 그 볼이 퍼팅 그린에 있는 홀에 들어간 시점에 끝난다. 결국 골프라는 스포츠의 완성은 퍼팅이다. 퍼팅은 궁극적으로 골프에서 스코어를 결정한다. 인상적인 드라이브와 정확한 어프로치 샷을 해도 퍼팅이 뒷받침되지 않으면 경기에서 우승하지 못한다.

골프에서 퍼팅은 가장 짧은 샷이다. 드라이브는 페어웨이만 지키면 성공한 것이고, 어프로치 샷은 레귤러온(regular on : 파3 1온, 파4 2온, 파5 3온) 시키면 잘한 것이다. 하지만 풀 스윙에 비해 퍼팅에서 다루는 거리가 상대적으로 짧아서 그 오차 범위가 줄어들고, 볼이 홀을 1cm만 벗어나도 홀에 들어가지 않기 때문에 정밀도가 가장 중요하다. 또한 'Never Up, Never In'이란 말이 있듯이 짧으면 절대 들어가지 않는 것이 퍼팅이다.

식물 생장에 필요한 10가지 이상의 원소 중 다량, 소량 원소가 아닌 붕소, 망간, 철, 아연 같은 미량원소들의 결핍이 식물 생장에 결정적인 해를 끼치듯 정확성과 인내심이 결합 된 스포츠인 골프는 언뜻 보기에는 눈에 띄지 않는 순간인 퍼팅이 승패를 결정짓는 요소가 된다. 탁월한 퍼팅은 드라이브와 어프로치 같은 다른 샷의 결함을 보완해주는 '스트로크 세이버'다.

스트로크 세이버

312야드의 드라이브도
108mm 홀에 넣지 못하면
숫자는 바뀌지 않는다.
승리는 조용히 다가온다.
잔디 위, 1.2미터 숨소리조차 멈춘 순간,
홀을 향해
가장 짧지만 가장 깊은 스트로크를 날린다.

퍼팅은 마음의 흔들림을 다스리는 기술,
그 짧은 거리의 정밀함이
72홀 모든 노력의 운명을 결정한다.
식물은 붕소 하나 없으면
꽃을 피우지 못하고,
골프는 퍼팅 하나 실수로
우승을 피우지 못한다.

인문학적 성찰을 위한
Q & A

Q1. 식물의 미량원소와 퍼팅의 관계는 무엇인가?

눈에 띄지는 않지만, 결정적인 요소로서, 미량원소가 생장을 좌우하듯 퍼팅은 골프의 승패를 결정짓는다.

Q2. 퍼팅이 골프에서 갖는 의미는 무엇인가?

가장 짧지만 가장 정밀한 샷으로, 경기의 완성과 스코어의 결정은 결국 퍼팅에 달려 있다.

Q3. '스트로크 세이버'로서 퍼팅의 철학적 가치는 무엇인가?

작은 차이가 큰 결과를 만들며, 퍼팅은 기술과 직관, 인내와 집중이 결합한 골프의 본질을 상징한다.

아마추어는 이기기 위해 싸우고,
프로는 지지 않기 위해 싸울까?

"아마추어는 이기기 위해 싸우고, 프로는 지지 않기 위해 싸운다." 조훈현 프로 바둑기사의 말이다. 아마추어는 이기기 위한 강한 열망으로 승리를 목표로 하며, 그 과정에서 자기 능력을 최대한 발휘하려고 한다. 하지만 프로는 승리보다는 패배를 피하려고 전략적이고 신중하게 행동하며, 실수를 최소화하려고 한다. 결국, 이 문장은 아마추어와 프로의 마음가짐과 전술 전략의 차이를 강조하고 있다.

전략(Strategy)은 장기적인 목표를 달성하기 위한 전체적인 계획, "무엇을 할 것인가?"에 대한 큰 그림을 말하고, 전술(Tactics)은 전략을 실현하기 위한 구체적인 행동과 수단, "어떻게 할 것인가?"에 대한 실행계획이다. 전략이 없다면 전술은 방향 없는 실행이 되고, 전술이 없다면 전략은 실현되지 않는 이상에 불과해서 두 개념은 서로 보완적이다. 승리하기 위해 싸울 때와 패배하지 않기 위해 싸울 때의 전략과 전술은 여러 면에서 다르다. 승리하기 위해 싸울 때는 공격적인 전술을 사용하고, 패배하지 않기 위해 싸울 때는 방어적인 전술을 사용하여 안전한 플레이를 한다.

골프에서 코스 매니지먼트(course management)는 코스에서 자신의 플레이 스타일에 가장 잘 맞는 결정을 내리기 위해 취하는 접근 방식이다. 어떤 클럽을 사용할지, 어떤 샷을 구사할지, 언제 자신의 강점을 살려 플레이해야 하는지 파악하는 것이다. 이러한 골프 코스 공략에서 프로와 아마추어는 큰 차이가 있다.

첫째, 프로는 비거리에 대해 매우 까다롭다. 그들은 각 골프클럽의 비거리를 알고 있을 뿐만 아니라 각 샷의 길이에 대한 자세한 정보를 제공하는 야디지 북을 가지고 있다. 훌륭한 어프로치 샷을 하려면 정확한 측정이 필수적이다. 프로는 더 계산적인 접근 방식을 취하며, 단순히 "공을 치기 위해" 클럽을 휘두르는 경우는 절대 없으며 항상 계획적이고 계산된 샷을 한다. 골프 코스에서 숫자와 수학은 매우 중요하며 프로는 아마추어보다 훨씬 더 많은 수학을 한다.

둘째, 프로는 샷 하기 전 루틴(Pre-Shot Routines)을 샷을 할 때마다 반복한다. 아마추어 선수들은 루틴이 일관되지 않거나 아예 없는 경우가 많다. 이 루틴은 일종의 신체적 준비 운동(연습 스윙), 얼라인먼트, 샷의 시각화에 초점을 맞춰야 한다.

셋째, 프로는 샷을 컨트롤할 수 있다. 프로는 하이, 로우, 좌, 우등 다양한 골프 샷을 구사하는 방법을 알고 있다. 그들은 골프 스윙에서 손목을 제어할 수 있다. 손목은 임팩트 시 클럽 페이스의 각도에 직접적인 영향을 미친다. 아마추어는 백스윙 톱과 임팩트 시 손목 위치가 부정확해서 골프볼의 궤적과 샷 모양에 대한 제어력이 훨씬 떨어진다.

넷째, 프로는 바람, 페널티 구역 위치, 그린 경사도 등을 고려하여 골프클럽을 선택하지만, 아마추어는 핀까지의 거리를 기준으로 골프클럽을 선택한다. 아마추어 골퍼가 올바른 클럽을 더 잘 선택하려면 그린의 크기와 핀의 위치를 고려해야 한다.

다섯째, 아마추어는 퍼팅 그린의 깃발을 노리는 공격적인 골퍼지만, 프로는 위험을 감수하는 대신 전략적으로 샷을 플레이하여 버디 기회를 남기되 보기 가능성을 없애는 위치에 볼을 보내려고 한다. 프로는 공격적일 때만 공격적이다. 프로 골퍼들은 위험과 잠재적 보상을 비교하고, 때로는 보기를 인정하고 넘어가기도 한다.

여섯째, 프로는 정신적 회복력이 좋다. 대부분 아마추어는 그 회복력을 가지고 있지 못하며, 그들은 이전 샷에 대해 걱정하고, 화가 나고, 감정을 조절하지 못해 샷 하나하나가 점점 더 문제가 되곤 한다.

"지피지기면 백전불태(知彼知己 百戰不殆)"라는 말은 "적을 알고 나를 알면 백 번 싸워도 위태롭지 않다"라는 뜻으로, 상황을 정확히 파악하고 전략적으로 대응하면 어떤 싸움에서도 위험을 줄일 수 있다는 의미다. 이 말은 공격 전술과 방어 전술 모두에 어울릴 수 있지만, 더 어울리는 쪽은 방어 전술이다. '위태롭지 않다(불태, 不殆)'라는 표현은 위험을 피하고 안정적으로 싸운다는 의미로, 공격보다는 위험을 최소화하는 방어의 관점에 가깝다.

손자병법의 이 말은 싸움의 결과보다는 전투 중의 위험 관리와 전략적 판단을 강조하므로, 무작정 공격하기보다는 상황을 읽고 신중히 대응하는 방어 전술에 더 부합한다. 골프 코스에서 겸손함을 배우는 것은 잘못된 것이 아니며, 이를 적용하는 방법을 배우는 것이 좋은 라운드와 나쁜 라운드의 차이일 수 있다. 주말마다 지갑을 털리는 골퍼라면 순간의 비겁함으로 스코어를 지켜야 한다.

싸움의 기술

아마추어는 깃발을 향해 달리고
프로는 벙커를 피해 걷는다.
둘 다 싸우지만, 목적이 다르다.
이기려는 마음은
샷을 날카롭게 만들고
지지 않으려는 마음은
샷을 깊게 만든다.
스코어카드에 남는 건 숫자지만
기억에 남는 건
싸움의 기술이다.

인문학적 성찰을 위한
Q & A

Q1. 아마추어와 프로의 싸움 방식은 어떻게 다른가?

아마추어는 승리를 향한 열망으로 공격하고, 프로는 패배를 피하려는 전략으로 방어한다.

Q2. 골프에서 전략과 전술은 어떤 차이를 만드는가?

전략은 전체 그림을 그리는 것이고, 전술은 그 그림을 현실로 만드는 실행력이다—프로는 이 둘을 모두 갖춘다.

Q3. 싸움의 목적은 무엇이어야 하는가?

이기기 위한 싸움도 의미 있지만, 지지 않기 위한 싸움은 더 깊은 통찰과 지속적인 성장을 가능하게 한다.

침대와 골프 코스, 세계에서 가장 위험한 장소는 어디일까?

"우린 늙어가는 것이 아니라 천천히 익어 가는 겁니다~"
유행가 가사는 모두 내 맘 같다고 하지만 노화를 성숙으로 미화시키는 가사에 위로받는 사람들에겐 큰 공감을 받는 노래다. 나이가 들어가는 것은 거부할 수 없는 숙명이고, '기적은 하늘을 날거나 물 위를 걷는 것이 아니라 땅에서 걸어 다니는 것이다'라는 중국속담은 예금 금리 몇 프로 인상보다 더 찰지게 가슴에 와닿는다.

그렇다면 걷는 것이 기적이 되는 연령층에게 적합한 운동으로 무엇이 있을까? 골프를 강력히 추천하고 싶다. 골프백 전체 무게는 보통 11~15kg이지만, 각 클럽의 무게는 300~600g이다. 남성용, 여성용 또는 사용된 재질에 따라 차이가 있겠지만 돼지고기 1근(600g)보다 가볍다. 볼의 무게는 약 46g으로 달걀 1개 정도의 무게. 두 발로 걸을 수 있고, 숟가락 들어 올릴 정도의 근력만 있으면 즐길 수 있는 운동이 골프다.

골퍼들이 홀인원(Hole in one)만큼이나 꼭 이루고 싶은 꿈 중의 하나가 에이지 슈터(age shooter)다. 이것은 18홀을 자신의 나이나 그 이하의 스코어로 라운드하는 것이다. 골프 역사상 공식적으로 가장 낮게 기록된 스코어는 2012년 5월 12일 오클라호마 주 에드먼드의 리버 오크스 골프클럽(파71)에서 호주 프로골퍼 라인 깁슨이 이글 2개와 버디 12개로 기록한 16언더파 55타로, 기네스북이 인정한 점수다. 당시 라인 깁슨의 나이는 26세였다. 결국 이 최저타를 기준으로 한다면 에이지 슈터가 가능한 나이는 55세 이상이어야 한다. 현실적으로는 70세의 골퍼가 70타, 80세 골퍼가 80타를 칠 확률이 훨씬 더 높다.

그렇다면, 골프가 왜 다른 스포츠에 비해 신체 능력이 저하되는 연령층에게 알맞은 운동인지 중요한 몇 가지 근거를 살펴보겠다.

첫째, 골프는 관절에 부담을 주지 않는 저강도 운동이다.
골프의 스윙 동작은 관절 가동 범위 안에서 이루어지는 제어된 동작이므로 부상의 위험이 적다. 또한, 18홀 코스를 걷는 운동은 심혈관 건강, 지구력 및 전반적인 체력 수준 향상에 도움이 된다.

둘째, 골프는 지속 가능성이 큰 운동이다.
골프는 플레이어가 자신의 속도에 맞춰 시작할 수 있고, 다양한 체력 수준과 신체적 능력에 맞게 조정할 수 있는 평생 활동 스포츠다.

셋째, 두뇌 자극에 좋은 운동이다.
골프는 집중력과 전략적 사고가 필요한 운동이기에 멘털 게임(mental game)이라고 한다. 각 샷에는 잔디 상태, 바람, 지형 등의 요소를 고려해야 하고 최선의 결과를 위한 계획이 필요하다. 이 과정은 인지 기능, 기억력, 문제 해결 능력을 높이는 데 매우 큰 도움이 된다.

넷째, 사회적 네트워킹(networking) 형성에 좋은 운동이다.
골프의 즐거움 중 하나는 사교적 기능이다. 보통 1팀 4명으로 구성되는 라운드이기에 동반자들과 소통하고, 새로운 사람들을 만나고, 같은 목표를 향해 성공과 실패를 공유하며 동지애를 느낄 수 있다.

다섯째, 실외 활동 기회를 조성한다.
야외에서 시간을 보내면 건강에 많은 이점이 있다. 골프 코스는 일반적으로 잘 가꾸어진 녹지와 신선한 공기가 있는 경치 좋은 곳에 자리 잡고 있다. 자연에 노출되면 기분이 좋아지고, 스트레스 지수가 줄어들며, 뼈 건강에 필수적인 비타민 D 수치가 높아진다.

여섯째, 마음 챙김과 휴식의 기능을 한다.
복잡한 도심에서 벗어난 골프 코스의 고요한 환경은 마음 챙김과 휴식을 위한 조건을 제공할 수 있다. 자연을 즐기고, 심신에 필요한 에너지를 재충전하는 것은 정신 건강 향상에 도움이 된다.

결론적으로 말해서, 골프는 몸에 부담을 주지 않으면서 걷기와 스윙을 하고, 코스 공략을 위한 전략을 세우고, 동반자들과 함께 잘 관리된 초록 잔디에서 친교의 시간을 보낼 수 있는 신체 활동으로 휴식과 재충전을 제공하는 스포츠다.

'미국 문학의 아버지'라 불리는 작가 마크 트웨인(본명 Samuel Langhorne Clemens)이 "침대는 세계에서 가장 위험한 장소다. 80% 이상의 사람들이 거기서 죽는다"라고 했다. 더 건강한 삶을 원한다면 가능한 침대를 멀리해야 한다. 두 발로 걸을 수 있다면 지금 침대에서 일어나 초록의 골프 코스로 가라.

침대보다 안전한 곳

침대는 가장 위험한 곳이다.
몸을 쉬게 하지만 삶을 멈추게도 한다.
나는 오늘도 침대를 벗어나
초록의 코스를 향해 걷는다.
기적은 물 위를 걷는 게 아니라
땅 위를 걷는 것이라 했으니
내 두 발이 기적이다.

손에 쥔 볼은 달걀보다 작고
마음은 그보다 더 가볍다.
스코어는 나이와 겨루고
스윙은 관절과 협상하며
전략은 바람과 대화한다.

침대는 휴식이지만 코스는 회복이다.
침묵은 병이지만 대화는 약이다.
오늘도 나는
가장 안전한 곳으로 간다.
침대가 아닌 코스 위로.

인문학적 성찰을 위한
Q & A

Q1. 침대와 골프 코스 중 더 위험한 장소는 어디인가?

　침대는 정지된 공간으로 생명력을 잃기 쉽지만, 골프 코스는 움직임과 회복의 공간으로 삶을 활성화한다.

Q2. 고령층에게 골프가 적합한 이유는 무엇인가?

　저강도 운동, 인지 자극, 사교적 기능, 자연 노출, 지속 가능성 등 신체적·정신적 건강에 긍정적 영향을 준다.

Q3. 골프가 단순한 스포츠를 넘어서는 이유는 무엇인가?

　골프는 운동, 휴식, 사색, 관계 형성까지 아우르는 총체적 경험으로 삶의 질을 높이는 마법의 공간이다.

골프는 아까운 돈과 시간을 버리는 행위인가, 뚜렷한 목적을 위한 생활 스포츠인가?

우리나라에서 골프 하기에 가장 좋은 시기는 박정희 대통령의 재임 시기와 관련이 있다고들 한다. 5.16부터 10.26까지! 겨울을 견뎌낸 잔디가 잘 자라도록 토양의 공기 교환 및 물의 흐름을 개선하는 작업인 '통기 작업(aeration)'이 끝나서 페어웨이는 물론 퍼팅 그린의 상태가 가장 좋은 시기인 5월 하순부터 서리 내리기 전인 10월 말까지다.

우리나라 전체 인구 5,155만 명의 약 11%가 즐기는 생활 스포츠는 걷기운동 이외에는 없다. 그렇다면 왜 이렇게 많은 사람이 돈 버리고 시간 써가며 골프를 즐기는 것일까? 그 이유도 골퍼들의 숫자만큼 다양하겠지만, 미국프로골프협회의 공식 사이트인 'pga.com'에 있는 '아이들이 골프를 배워야 하는 10가지 이유'를 살펴보면 그 안에서 해답을 찾을 수 있을 것 같다.

'아이들이 골프를 배워야 하는 10가지 이유' 중 첫 번째는 평생 함께 할 수 있는 친구를 사귀는 법을 배운다는 것이다. 두 번째는 골프가 모든 가족 구성원을 모일 수 있게 하고, 부모가 자녀에게 긍정적인 피드백과 격려 할 수 있는 좋은 기회를 가질 수 있다는 것이다.

세 번째, 실내 비디오 게임이나 TV를 훨씬 능가하는 야외에서 걷고 활동하며 신선한 공기를 마시는 건강한 운동 습관을 형성할 수 있게 해준다. 네 번째, 골프는 자신감을 가르치고 숫자를 다루는 능력을 향상하며 비즈니스에서 중요한 문제 해결 능력을 배우게 한다.

다섯째, 남성, 여성, 어린이, 전 세계 사람들, 각계각층의 사람들이 골프 코스에 모이기 때문에, 골프 코스에서 만나는 다양성은 세상과 사람에 대한 더 넓은 시야를 열어준다. 여섯째, 골프는 플레이어에게 자신이 잘한 부분과 결점을 보완하기 위해 변경해야 하는 부분을 분석하게 하고, 다른 사람의 비판 수용을 통해 자기 개선 습관을 갖게 한다.

일곱 번째, 골프는 풍부한 에티켓 전통으로 자신과 타인을 대하는 방법을 가르치고, 어려움에 부닥쳤을 때 진실과 그 역경을 이기는 힘의 가치를 알게 한다. 여덟째, 골프는 비접촉 스포츠로서 부상 위험이 적지만, 척추를 지탱하는 코어근육의 강도와 유연성을 향상해 참가자가 활동적이고 건강해질 기회를 제공한다.

아홉 번째, 인생에서와 마찬가지로 골프에도 성공과 실패가 있다. 실수로부터 배우고, 장애물을 극복하면 실력이 향상되고, 일상생활에서 같은 패턴을 낙관적으로 수행하도록 가르친다. 열 번째, 오늘날 너무 빨리 변하는 바쁘고 기계적인 세상에서 친구들과 선의의 경쟁이나 동료애를 키우며 즐겁게 지낼 기회를 제공한다.

5공화국 시절 전국 골프장 수가 40여 개가 되지 않던 시절에는 골프가 돈과 명예를 과시하는 수단으로 활용되기도 했지만, 서울올림픽이 열리던 1988년 6월 골프장 인허가 업무가 청와대에서 각 시도 전담제로 바뀌면서 6공화국 말기에는 골프장 수가 100개, 사업 승인을 받은 업체는 무려 139개소에 달했다. 1999년 10월 김대중 대통령이 '골프는 이제 중산층, 서민층 누구에게나 좋은 스포츠이며, 골프는 더 이상 특권층만의 스포츠일 수 없다'라고 대중화를 선언했고, 2022년 1월 문화체육관광부는 '제2의 골프 대중화 선언식'에서 2026년까지 골프 인구 600만 명, 시장 규모 22조 원 달성을 목표로 제시하며, 기존의 회원제·대중형 골프장 이분 체제를 회원제·비회원제·대중형의 삼분 체제로 개편했다.

아직도 골프가 일부 특권층만이 누리는 '호화사치' 스포츠라고 생각한다면 88올림픽 이전의 사고에 갇혀 있는 것이다. 500개가 넘는 골프장이 영업 중이고, 5백만 이상의 골퍼가 있고, 방문객 수가 5천만이 넘었고, 게다가 세계 유일 골프만을 특성화한 대학교(한국골프과학기술대학교)가 있다는 사실만으로도 골프가 대중화되었다는 것을 방증하는 것이다.

골프를 좋아하는 이유는 사람마다 다르지만, 공통으로 이런 매력들이 있다:

1. 자연 속 힐링
넓게 펼쳐진 잔디밭, 맑은 공기, 새소리 등 골프장은 그 자체로 자연을 느낄 수 있는 힐링 장소다. 스트레스를 날리고 싶을 때 최고의 선택이다. 코스에 필요한 집중력은 마음 챙김을 촉진하고 신체 활동은 엔도르핀을 분비하여 기분을 개선하고 우울증을 줄일 수 있다.

2. 자기 자신과의 싸움
골프는 상대방보다는 '어제의 나'와 경쟁하는 스포츠다. 정신 집중, 인내심, 전략적인 판단이 요구돼서 한 번 빠지면 헤어 나오기 어렵다. 골프는 전략적 사고, 집중력, 그리고 문제 해결이 필요하며, 이는 인지 기능을 향상하는 데 도움이 될 수 있다. 또한, 골프는 실력을 향상하고 점수를 낮추는 지속적인 도전을 제공한다.

3. 사교 활동의 장
비즈니스 미팅부터 친구들과의 주말 모임까지, 골프는 다양한 사람들과 친해질 기회를 주는 스포츠다. 대화도 자연스럽게 이어지고, 관계도 돈독해진다. 골프는 친구, 가족 또는 동료들과 어울리고 소통하는 훌륭한 방법이며, 코스에서 공유된 경험은 동료애를 형성하고 관계를 강화하는 데 도움이 될 수 있다.

4. 기술과 도전의 재미

스윙 하나에도 수많은 기술이 녹아 있다. 클럽 선택, 바람 읽기, 퍼팅 라인 계산 등 도전 요소가 많아 실력이 늘수록 더 재미있다.

5. 운동과 산책의 절묘한 조화

보통 18홀을 도는 동안 10km 가까이 걷는 일도 있어서 충격이 적은 좋은 운동이 된다. 무리하지 않으면서 상당한 양의 칼로리를 소모할 수 있고 건강도 챙길 수 있다는 점이 매력적이다.

어떤 일을 하기 전에 "왜"라고 묻는다면 그 행동의 목적, 근거 또는 정당성을 이해하려고 하는 것이고, 정보에 입각한 결정을 내리고 그 행동이 시간과 노력을 기울일 가치가 있는지 평가하는 자연스러운 것이다. 이제 골프는 아까운 돈과 시간을 버리는 행위가 아니라 뚜렷한 목적을 위해 자신의 소중한 돈과 시간을 쓰는 생활 스포츠다.

골프—목적 있는 걸음

골프는 돈을 쓰는 게 아니라
관계를 맺는 것이다.
시간을 버리는 게 아니라
자신을 단련하는 것이다.
비싼 티오프는 허영이 아니라
관계의 시작, 자연 속 대화의 문이다.
발걸음마다 마음을 걷고, 생각을 담는다.
골프는 몸보다 정신의 운동,
어제의 나와 티박스에서 다시 만난다.
숫자보다 사람, 승부보다 성장이다.
스코어 카드는 반성의 노트,
클럽은 방향을 묻는 나침반.
아이도 배우고, 어른도 익히는
인생을 닮은 다음 홀, 또 다음 홀
골프는 목적 있는 사람의 생활 철학이다.

인문학적 성찰을 위한
Q & A

Q1. 골프는 왜 돈과 시간을 들여야 하는가?

그것은 단순한 소비가 아니라, 건강, 관계, 자기 성장이라는 뚜렷한 목적을 위한 투자다.

Q2. 골프는 어떤 삶의 가치를 제공하는가?

자연 속 힐링, 자기 자신과의 싸움, 사교의 장, 기술적 도전, 운동과 산책의 조화, 삶의 균형을 회복시켜준다.

Q3. 골프는 누구를 위한 스포츠인가?

이제는 특권층이 아니라, 모든 사람을 위한 생활 스포츠다. 골프는 누구든 삶을 더 풍요롭게 만들 수 있다

골프 라운드는 일과 놀이 그리고 휴식이 조화를 이루는 마법의 공간인가?

일, 놀이 그리고 휴식은 다른 맥락에서 인간의 활동을 묘사하는 별개의 개념이다. 일은 특정 목표, 결과, 의무를 이행하기 위해 행해지는 생산성이나 책임감과 관련 있는 활동이다. 반면에, 특정한 목적 없이 즐거움을 위해 하는 활동을 놀이라고 한다. 휴식은 활동이 없는 상태를 포함하여 몸과 마음을 피로나 스트레스로부터 회복할 수 있도록 해주는 시간을 의미한다.

세 가지 모두 자신이 원하는 것을 얻기 위해서는 정도의 차이는 있으니 집중력과 상상력이 필요하다. 일과 놀이는 정신적으로나 육체적으로 에너지 소비를 수반하지만, 휴식은 에너지를 재충전할 기회다. 일은 전문적이거나 학문적인 환경과 관련이 있고, 놀이도 일정 수준 이상이 되려면 특정한 지식이나 기술이 필요하다. 하지만 휴식은 효율성 측면이 아니라면 특별한 노력이 필요한 것은 아니다.

요약하면, 일과 놀이 그리고 휴식은 인간 활동의 다양한 측면을 나타내며, 각각은 균형 잡힌 삶을 만들고 성취감을 주는 독특한 목적이 있다. 이러한 요소들의 균형을 맞추는 것은 신체적 그리고 정신적인 행복을 위해 필수적이다.

그렇다면, 골프 라운드는 일인가, 놀이인가, 휴식인가?
신사의 경기로 묘사되는 골프는 단순한 운동의 경계를 넘어서는 무언가가 있다. 골프 라운드는 육체적인 능력, 정신적인 긴장, 그리고 사회적인 상호작용의 독특한 조화가 있다. 그것은 일과 놀이 그리고 휴식의 요소들을 매끄럽게 통합하는 다면적인 활동으로 발전했다.

놀이로 시작되어 많은 사람이 참여하는 스포츠가 된 역사를 가진 골프가 현대사회에서는 전문적인 네트워킹과 비즈니스 활동 플랫폼으로서 기능하고 있다. 골프장은 녹색의 페어웨이 속에서 비즈니스 거래가 이루어지는 비공식적인 이사회의 역할을 하게 되었고, 다양한 변수 안에서 그린 위의 홀을 향하는 공유된 열정은 전략적 사고, 의사결정 및 협상 기술을 가지고 중요한 문제를 논의할 수 있는 이상적인 환경을 제공한다. 이럴 경우, 골프는 특정 목적과 책임감이 수반되는 일의 특성을 가진다. 많은 기업이 수억 원이 넘는 법인회원권을 소유하고 있는 것이 방증 자료다.

골프는 재미있다. 똑같은 사람과 똑같은 골프 코스를 가도 항상 다른 즐거움을 얻는다. 그 풍부한 오락적인 요소가 모든 나이와 배경의 사람들에게 도전과 그에 따른 만족감을 주기 때문에 매력적인 놀이다. 18홀 라운드 중에 잘 친 샷 하나, 홀로 빨려 들어간 짜릿한 퍼팅 하나는 잭팟(Jackpot) 이상의 희열을 준다. 잭팟은 1만 번의 스핀(spin)이 필요하지만, 홀인원 확률은 1만 2천분의 1이다. 소요경비 대비 아웃풋이 큰 놀이다.

골프는 휴식을 위한 안식처를 제공한다. 그림 같은 풍경 속에 자리 잡은 고즈넉한 골프장 환경은 일상의 분주함에서 벗어날 수 있게 해준다. 최고의 전문가들이 정성들여 가꿔놓은 녹색의 정원을 마음이 통하는 사람과 걸으며 속 얘기를 하는, 사색과 휴식의 순간들이 그려내는 한 폭의 그림에는 여유로움이 있고, 스트레스 해소는 물론 마음을 치료한다. 골프의 회복 기능은 신체적인 것을 넘어 정신적, 감정적 에너지를 충전할 수 있는 공간을 만든다.

골프는 스포츠를 넘어 인간 존재의 다양한 측면을 만족시키는 총체적인 경험을 제공한다. 페어웨이에서 전문적인 비즈니스를 하든, 끊이지 않는 웃음 속에 즐거움을 즐기든, 골프장의 고요함에서 위안을 찾든, 골프 라운드를 시작한 골퍼들은 일과 놀이 그리고 휴식의 조화로움을 발견할 수 있다. 골프는 행복을 부르는 마법의 주문이다. 그래서 라운드를 예약하는 순간부터 행복한 것이다. 제발, 골프 코스에서 땅 파고 땀 흘리고 분노하고 남 탓하며 노동하지는 마라. 소비와 낭비는 다르고, 운동과 노동은 다르다. 골프 코스에서 더 행복해지려면 땀은 동반자를 위해 흘리고 칭찬하고 감동하며 결과에는 자신만을 탓해라. 일과 놀이 그리고 휴식이 조화를 이루는 골프 라운드는 행복이 증거가 되는 마법의 공간이다.

페어웨이의 마법

첫 티샷은 악수처럼 조심스럽고,
벙커는 마라톤 회의처럼 깊지만,
그린 위의 퍼팅은 협상의 서명처럼 조심스럽다.
전략과 선택, 책임이 깃든
이 라운드는 일이다.

동반자가 농담에 스윙이 흔들릴 때,
당홀 배판의 수익을 꿈꾸며
하늘을 바라보는 그 짧은 찰나,
예측 불가능한 즐거움의 연속.
이 라운드는 놀이다.

바람이 솔잎을 흔들고
그림 같은 풍경이 마음을 감싸면,
걸음은 느려지고 눈은 깊어진다.
삶의 소음을 잠시 내려놓는 시간.
이 라운드는 휴식이다.

골프는 일과 놀이 그리고 휴식이 공존하는
삶의 균형을 그리는 초록빛 마법이다.

인문학적 성찰을 위한
Q&A

Q1. 골프 라운드는 일, 놀이, 휴식 중 무엇에 가까운가?

골프는 세 가지 요소가 조화를 이루는 복합적 경험으로, 일의 긴장감, 놀이의 즐거움, 휴식의 평온을 동시에 제공한다.

Q2. 골프가 현대사회에서 갖는 의미는 무엇인가?

골프는 비즈니스 네트워킹의 장이자, 오락과 치유의 공간으로서 인간의 다양한 욕구를 충족시키는 총체적 활동이다.

Q3. 골프 라운드에서 더 행복해지려면 어떻게 해야 하는가?

결과에 자신을 탓하고, 동반자를 위해 땀 흘리며, 칭찬과 감동을 나누는 태도가 골프의 진정한 마법을 완성한다.

인간관계와 사회
─ 사람 사이의 골프

- 예의와 대접
- 사랑과 배려
- 프로의 인성과 자질
- 관계의 유형: 포섬 vs 포볼
- 동반자의 조건
- 성별 격차와 문화
- 권력과 겸손
- 골프계의 혼돈
- 계절과 감정
- 돈과 윤리의 경계
- 대중화와 민주화

'접대골프'의 핵심은 마땅한 예(禮)로써 상대방을 대하는 '대접'일까?

시대에 따라 펜싱, 승마, 테니스 등 다양한 스포츠가 사교에 이용되어 왔지만 21세기 '골프'의 영향력은 여전히 상당하다. 대한민국 인구의 약 11%가 즐기는 운동임에도 불구하고 골프는 여전히 부유한 사람들의 전유물로 인식되고 있지만, 많은 기업이 기업활동의 하나로 특정한 목적 또는 사업상 필요한 파트너와의 관계 구축을 위해 골프 라운드를 하는 경우가 있는데, 이러한 사교 골프를 일명 '접대 골프'라고 한다. 많은 기업이 비즈니스 활용 가치가 높은 무기명 법인 골프 회원권을 구매하는 것도 이와 무관치 않다.

'접대(接待)'의 사전적 의미는 '손님을 맞아서 시중을 듦'이고, 영어로는 'entertain, wine and dine'이라고 한다. 목적이 있는 접대일수록 너무 노골적이어도 안 되고, 목적을 잃어버린 시간과 돈의 낭비가 되어서도 안 된다. 접대 골프는 관계를 구축하고 고객 또는 사업 동반자를 접대할 목적으로 골프를 치는 것이다. 따라서 핵심은 경쟁이나 점수보다는 관계를 구축하고 즐기는 데 집중해야 한다. 그럼, 사업상 필요한 '비즈니스 골프', 즉 '접대 골프'의 요령에는 어떤 것들이 있을까?

첫째, 올바른 코스 선택이다. 모든 골퍼의 수준에 적합하고 편안하고 즐거운 경험을 제공할 수 있는 코스를 선택해야 한다. 아름다운 전망, 잘 관리된 그린, 친근한 분위기의 코스는 상대방에게 긍정적인 경험을 선사할 수 있다. 오르막 내리막이 너무 많아 코스 이동 중 대화가 어려운 코스는 피해야 한다.

둘째, 철저한 사전 계획이 필요하다. 접대 골프를 계획할 때 대상의 선호도와 요구 사항을 미리 파악해야 한다. 음주나 흡연 여부는 미리 알아 두는 것이 좋다. 골프장 도착 소요 시간은 1시간 이내여야 하고, 하루의 즐거움에 영향을 미칠 수 있는 맛집을 포함한 먹거리에 대한 사전 조사, 그리고 성별, 연령별 제한도 고려해야 한다. 자주 다녀 본 골프장이라면 알고 있는 유능한 캐디를 미리 지정해 두는 것이 좋다.

셋째, 정중하게 대하는 것이다. 파트너가 골프 경험이 많지 않거나 실력이 없더라도 좋은 스포츠맨십과 존경심을 보여줘야 한다. 골프 고수 '을'보다는 골프 하수 '갑'이 더 우위에 있음을 잊지 말아야 한다. 그들을 격려하고 유용한 팁과 조언을 제공하되 지나치게 간섭해서는 안 된다. 멀리건이나 그린에서의 컨시드 남발은 상대방이 무시당한다고 느낄 수 있으니 조심해야 한다. 통상적 범주를 넘어서는 호의는 동반 캐디를 통해서 제공하는 것이 좋은 방법이다. 직접세보다는 간접세가 조세저항이 적으니 말이다.

넷째, 동반자 모두가 하나의 팀처럼 느끼게 해야 한다. 1팀 4명이 라운드할 때 누군가를 타도 대상이나, 공공의 적이 되게 하면 그 라운드는 전쟁터로 변한다. 라운드 내내 사교적 측면을 강조하고 편안하고 친근한 분위기를 유지해야 한다. 경쟁이나 점수보다는 관계를 구축하고 즐기는 데 집중해야 하며, 돈 내기를 한다면 도박이 아닌 놀이가 되도록 해야 한다. 게임이 끝나고 원수가 되면 도박이고, 여전히 친구라면 놀이다.

다섯째, 사소한 것에 소홀해서는 안 된다. 라운드 시작 전에 그날 플레이할 골프공을 준비하여 제공하는 것이 좋고, 비용이 많이 들지 않는 골프티나 볼마크 등을 선물하는 것도 어색한 분위기를 완화하는 좋은 방법이다. 라운드 내내 필요한 물, 간식 또는 음료와 같은 다과를 잊어서는 안 된다. 카트의 앞자리는 고객에게 양보해야 하고, 4개의 백도 고객이나 상급자의 백이 바깥쪽으로 실렸는지 확인해야 한다.

마지막으로 경기 후 후속 조치를 잊어서는 안 된다. 라운드가 끝난 후 샤워장 그리고 식사 자리에서 상대방이 비즈니스 얘기를 꺼내기 전에 먼저 접대의 목적을 드러내서는 안 된다. 오늘 라운드의 목적은 관계 구축이지 계약체결이 아니다. 헤어진 후 그날이 가기 전에 문자나 이

메일로 감사의 마음을 전해야 한다. 이것은 골프 코스에서 형성한 관계를 발전시키고, 앞으로 더 좋은 관계를 구축하는 데 필요한 것이다.

접대는 손님을 대하는 것이지만 상대방이 대접(待接)받았다고 느낄 때 그 의미가 가장 큰 것이다. '대접'은 마땅한 예(禮)로써 상대방을 대하는 것을 말한다. 따라서 '접대골프'의 핵심도 여기에 있다. 예가 빠진 접대를 하는 사람은 접대부가 될 뿐이다.

예(禮)를 담은 접대골프

초록 잔디 위에 마음을 놓고
스코어보다 깊은 인사를 나눈다.
클럽은 무기가 아닌 대화의 다리가 되고
퍼팅은 설득이 아니라 존중의 거리다.

내리막 홀에도 응원은 올라가야 하고
벙커 안에서의 격려는 신뢰로 남는다.
'갑'이라 불리는 초보의 미소가
'을'의 정성으로 빛날 때,
그 라운드는 골프가 아니라 인연이 된다.

볼마크에 이름 대신 배려를 새겨넣을 때
접대는 진심의 방향을 가진 스윙이고
대접은 볼 하나에 깃든 예의가 되니
비즈니스는 잠시 잊고, 사람을 얻은 하루다.

접대는 손님을 맞는 일,
대접은 마음을 건네는 일.
예가 빠지면 접대는 거래가 되고
예가 깃들면 대접은 관계가 된다.
코스 위에서 예는 가장 멀리 가는 샷이다

인문학적 성찰을 위한
Q & A

Q1. 접대골프의 핵심은 무엇인가?

마땅한 예(禮)로써 상대방을 존중하고 배려하는 '대접'이다. 점수보다 관계가 중요하다.

Q2. 접대골프에서 가장 주의해야 할 점은?

과도한 간섭, 노골적인 목적, 무례한 행동은 관계를 망친다. 사소한 배려와 후속 감사가 핵심이다.

Q3. 접대와 대접의 차이는 무엇인가?

접대는 형식이고, 대접은 진심이다. 상대가 대접받았다고 느낄 때, 접대는 비로소 성공한다.

골퍼 십계명을 '골프에 대한 사랑'과 '동반자에 대한 배려'로 요약할 수 있을까?

모세가 시나이산에서 하나님으로부터 받았다는, 기독교인들이 규범으로 삼고 있는 두 개의 돌판에 새겨진 십계명(十誡命, Ten Commandments)은 제1-4계명에서 하나님에 대한 인간의 관계를, 제5-10계명은 인간 상호 간의 관계를 다루고 있다. 이 원문을 충실히 응용하여 골퍼들의 십계명을 만들어 보았다. 제1~5는 골프에 대하여, 제6~10은 동반자에 관한 것이다.

1. 골프 이외의 다른 운동을 삼가지 말라.

골프는 하체로 몸을 지탱한 뒤 척추를 중심으로 회전하는 운동이지만, 골프는 절대 쉬운 운동이 아니다. 미국 스포츠의학회와 국내 스포츠의학자들도 골프를 중등도 정도의 위험한 운동으로 규정하고 있다.

따라서, 부상을 방지하기 위해서는 특정 근육을 집중적으로 강화하기보다, 몸 전체적인 근력을 기를 필요가 있다. 회전 운동에 잘 견딜 수 있도록 코어 운동을 통해 척추 주위 근력, 하지 근력, 복근, 엉덩이 근육을 강화해야 하며, 악력 역시 중요하다. 반드시 근육질의 몸을 필요로 하진 않지만, 충격이 가해졌을 때 버틸 수 있는 정도로 적당히 근육이 있어야 한다. 근력·지구력 운동을 병행해야 오랫동안 즐겁게 골프를 칠 수 있다.

2. 고반발 부적합클럽을 섬기지 말라.

골프는 볼을 가장 멀리 보낸 사람이 아니라 가장 적은 타수로 컵에 볼을 넣는 사람이 이기는 경기다. 이미 2022년부터 로컬룰 G-10에서는 퍼터를 제외한 클럽의 최대 길이를 46인치로 제한(0.20인치 초과는 허용치로 인정)하고 있으며, 이에 위반되는 클럽으로 스트로크를 한 것에 대한 페널티는 실격이다. 또한 2023년 3월 15일 R&A와 USGA가 골프볼의 비거리를 제한하는 중요한 결정을 내렸고, 2028년 1월 1일부터 골프공의 비거리를 제한하는 새로운 규정을 시행할 예정이다. 20년 전 만들어진 현행 조건은 120 mph 클럽헤드 스피드, 176 mph 볼스피드, 발사각 10도, 스핀양 2,520rpm이었는데, 거리표준(Overall Distance Standard, ODS)에 따라 골프볼 적합성에 사용되는 테스트 조건은

  - 헤드 스피드: 시속 125마일(약 201km/h)
  - 볼스피드: 시속 183마일(약 294.5km/h)

- 발사각: 11도
- 스핀양: 2,200rpm
- 이 조건에서 317야드(약 290m)를 초과하면 불합격이다.

이 규정을 프로 선수들은 2028년부터, 아마추어 골퍼들은 2030년부터 적용 예정이며, 프로는 약 9~15야드(8~13.7m) 아마추어는 약 5야드(4.5m) 정도 비거리가 줄어들 것으로 예상된다.

3. 컨시드와 멀리건을 망령되이 부르지 말라.

퍼팅 그린 홀 가까이 있는 볼을 퍼팅하지 않아도 들어간 것으로 인정해 주는 것을 '김미(Gimme)'라고 하는데, 공식 대회나 정규시합에서는 허용되지 않는다. 하지만 '컨시드(Concede)'는 공식 규칙에서 다루고 있는 용어로, 경기자는 스트로크나 홀 또는 매치를 컨시드 할 수 있다(3.2b). 그것은 매치플레이에서 다음 샷이나 홀을 포기함으로써 상대방이 이긴 것으로 인정하는 것을 의미한다. 경기자가 홀을 포기하면 남은 샷이나 홀을 완료하지 않고 상대방이 그 홀의 승리를 인정받게 된다. 스트로크플레이의 연장전에서도 두 명의 경기자가 연장전에 진출한 경우, 한 명이 다른 경기자에게 그 연장전을 컨시드할 수 있다.

멀리건(Mulligan)은 공식 규정에 따른 용어가 아니고, 가장 일반적인 설은 동반자들로부터 두 번째 기회를 얻은 데이비드 멀리건(David Mulligan)이란 캐나다 골퍼의 이름에서 유래되었다는 것인데, 이것은 친목 도모를 위한 골프의 탄산수 같은 역할을 할 수 있지만, 과용하면 탈 난다.

4. 골프 규칙을 거룩히 지켜라.

골프는 심판이 없는 경기라고 한다. 그래서 다른 어떤 스포츠보다 규칙 적용이 더 엄격하고, 골프 규칙 1.3b에서는 '경기자는 스스로 규칙을 적용할 책임이 있다'라고 명시하고 있다. 물론 선수들이 규칙 적용의 판단을 구하기 위해서 경기위원(레퍼리, Referee)에게 도움을 요청할 수 있는데, 레퍼리는 사실상의 문제를 결정하고 규칙을 적용할 권한을 위원회로부터 공식적으로 위임받은 사람을 말한다. 레퍼리가 한 매치의 라운드 내내 그 매치에 배정되는 경우, 그는 자신이 보거나 들은 모든 규칙 위반에 관하여 조처할 책임이 있고, 경기자들은 반드시 그 재정에 따라야 한다. (규칙 20.1b/1)

5. 살아있는 볼을 죽이지 말라.

골프 규칙에서는 볼의 생사를 'in 또는 out'으로 다루는데, 우리나라 골퍼들은 삶과 죽음으로 말한다. 볼이 살아있는지 죽었는지 홀마다, 샷마다 물어보고 확인한다. 정말 애절하게. 무생물인 볼에 생명을 불어넣어 존중하는 애니미즘(animism)의 극치다. 골프에서 '아웃오브바운즈(out of bounds)'에 있는 볼은 죽은 볼이다. (규칙 18.2) 그 어떤 절대자의 힘으로도 다시 살려낼 수 없다. 그러니 죽은 볼 살려내라고 떼

쓰지 말고 살아 있는 볼을 죽이지 말라.

6. 고수를 공경하라.

논어 술이(述而)편에 "세 사람이 함께 가면 반드시 내 스승 삼을만한 것이 있으니, 잘한 것은 따르고, 잘못한 것은 고치라(삼인행필유아사 三人行必有我師, 택기선자이종지 擇其善者而從之, 기불선자이개지 其不善者而改之)"는 글이 있다. 일반적으로 골프 고수는 핸디캡이 한 자릿수인 골퍼(single digit handicapper)를 말하는데 이들은 신체 능력, 정신의 강인함 및 기술 완성도가 경지에 이른 사람들이다. 그런데 그 경지는 하루아침에 된 것이 아니라 수많은 시행착오와 좌절을 거쳐 이뤄낸 것이기에 그들의 실력이 아니라 그 헌신과 노력에 경의를 표해야 한다는 것이다.

고수는 꾸준히 연습하고, 그린에서 많은 시간을 보내며, 부족한 스윙 기술을 연마하고, 골프 자체를 즐긴다. 라운드 동안 좋은 자세를 유지하기 위해 유연성, 힘과 인내력에 필요한 규칙적인 운동을 하고, 멘털 게임을 위한 감정관리와 집중력 유지, 자신감을 잃지 않도록 노력한다. 물론 적절한 골프클럽 및 기타 장비를 위한 투자도 아끼지 않는다.

7. 간섭하지 말라.

골프에서는 자신이 아닌 다른 사람의 플레이에 개입하지 않는 것이 중요하다. 골프는 개인의 책임감이 중요한 게임이며, 각 경기자는 코스에서 자기 행동에 책임져야 한다. 불필요한 개입은 골프의 에티켓을 위반하는 것으로 간주할 수 있으며, 주의를 분산시키고 방해할 수 있으며, 다른 경기자뿐만 아니라 자신에게도 영향을 줄 수 있다. 따라서, 자신의 게임에 집중하고 다른 경기자가 자신의 스윙을 하도록 허용해야 하며, 각 경기자의 능력과 독립성을 존중해야 한다. 골프 코스에서는 타인 존중과 책임감의 가치를 준수해야 모든 경기자가 골프를 즐길 수 있다. 규칙 10.2 '어드바이스나 그 밖의 도움' 첫 줄에서 '경기자의 근본적인 도전은 자신의 플레이를 위한 전략과 전술을 결정하는 것이다'라고 했으니 요청하지 않는 도움은 사랑이 아니라 간섭이고 반복되면 스토킹이다.

8. 부정행위를 하지 말라.

골퍼들의 십계명 중 가장 중요한 것 중 하나는 "부정행위를 하지 말라"다. 골프에서 부정행위는 여러 가지 형태로 나타날 수 있지만, 가장 흔한 것은 볼을 더 좋은 위치로 옮기는 것이다. 규칙 1.1 골프의 핵심 원칙 첫 번째가 '코스는 있는 그대로, 볼은 놓인 그대로' 플레이하는 것이다. 따라서 볼 위치를 옮기는 행동은 정직성, 믿음성 및 스포츠맨십 등 골프의 근본적인 원칙에 위배 된다. 부정행위는 게임의 진정성을 무너뜨리는 것뿐만 아니라 골퍼로서의 인격까지 훼손시킨다. 타수를 지키려다 인격을 잃는 것은 물에 빠진 볼 건지려다 익사하는 것과 같다. 더 소중한 것을 지켜라.

9. 남의 스코어를 탐하지 말라.

골프는 집중력을 요구하는 스포츠다. 따라서 다른 사람의 스코어를 의식하는 것은 자신의 게임에 해가 될 수 있다. 긍정심리학자인 칙센트미하이(Mihaly Csikszentmihalyi)는 몰입에 대한 연구자로 잘 알려져 있는데, 심리학적 의미에서 몰입이란 '자의식이 사라질 만큼 어느 것에 심취한 것'을 뜻한다. 그는 몰입을 머릿속의 생각과 목표, 행동 등 모든 정신이 하나로 통일되는 상태라고 말한다. 몰입은 시간이 흘러가는 것을 완전히 잊어버릴 수 있게 해 주며, 무아지경의 경지에 빠진 채로 자신의 정신적인 역량을 몰입의 대상에 100% 쏟아부을 수 있게 한다. 골프는 동반자가 '버디' 했다고 자기 스코어가 '파'가 되는 것이 아니다. 자신이 뿌린 만큼 그대로 거두는 정직한 농사다. 남의 스코어를 걱정하는 것은 작은 슈퍼마켓이 대형마트, 일반인이 연예인 걱정하는 것과 같다. 냅 둬도 잘 산다.

10. 남의 클럽을 탐하지 말라.

지나치게 필요 이상으로 장비에 집착하거나 장비를 사기 위해서 과소비하는 것을 '장비 병'(gear acquisition syndrome)이라고 하는데, 어떤 골퍼라도 약간의 '장비 병'은 가지고 있다. 하지만 장비가 좋아지면 자신의 실력이 좋아진다고 믿는 것은 글자를 모르는 사람이 안경을 쓰면 글을 읽을 수 있다고 믿는 것과 같다. 미국의 신경 과학자인 조슈아 박사(Joshua Sariñana)는 더 크고 더 나은 보상을 찾기 위해 새로운 구매를 한다는 점에서는 장비 병이 약물 남용과 유사하다고 했다. R&A는 '골프는 도구가 아니라 사람의 힘으로 자연을 극복하는 운동'이라며 클럽 개수를 14개로 제한했다. 장비 병에서 벗어나 진정한 골퍼가 되고 싶다면 진짜 애주가가 월급을 모두 술 먹는 데 쓰고 빈 병을 팔아 생활비를 하듯이 당장 14개 넘는 클럽을 팔아 라운드 비용으로 써라.

예수는 열 가지 계명을 '하나님 사랑'과 '이웃 사랑'으로 요약하였고, 그 가르침에 근거해 사도 바울은 한 마디로 '사랑'이라고 했듯이, 골퍼 십계명 또한 '골프에 대한 사랑'과 '동반자에 대한 배려'로 요약할 수 있다. 골프와 동반자를 사랑하라.

골퍼의 십계명—사랑과 배려의 라운드

한 줄 스윙에도 마음을 담고
볼마크 하나에도 정직이 깃들게 하라.
볼 하나도 살아있다 여기며
그 생명을 함부로 하지 말라.
고수의 침묵에 존경을 보내고
초보의 실수에도 미소를 잃지 말라.

사랑은 강요 없이 도움은 요청받을 때만,
스코어는 오롯이 나의 것이니
남의 숫자에 마음 흔들리지 말라.
클럽의 가격보다 내 땀의 실력을 믿으며
장비는 수단이니 내가 주인 되게 하라.
결국, 골프는 너를 향한 사랑,
그리고 함께 걷는 이에게 건네는 배려다.

인문학적 성찰을 위한 Q & A

Q1. 골퍼 십계명의 핵심은 무엇인가?

'골프에 대한 사랑'과 '동반자에 대한 배려'다. 기술보다 태도가 중요하다.

Q2. 왜 사랑과 배려가 골프의 본질인가?

골프는 심판 없는 경기이며, 규칙과 예의는 자율과 존중을 기반으로 한다. 함께하는 사람을 존중할 때 진정한 골퍼가 된다.

Q3. 골프를 통해 배울 수 있는 삶의 교훈은 무엇인가?

자기 절제, 타인 존중, 정직함, 그리고 관계의 품격이다. 골프는 인격을 닦는 수련의 장이다.

존경받는 프로 골퍼는 뛰어난 경기력 외에 어떤 자질이 필요한가?

프로는 '프로페셔널(professional)'의 줄임말이다. 사전적으로는 '어떤 일을 전문으로 하거나 그런 지식 또는 기술을 가진 사람', '전문가', '직업 선수'라는 의미다. 그래서인지 프로라는 말은 일부 전문 직종이나 스포츠 세계의 일상 용어로 쓰인다. 중세 영어 '프로페스(profes)'에서 유래된 이 말은 원래 '자신의 맹세를 공언한다'라는 의미였는데, 일이 점점 더 전문화되면서 자기 기술을 다른 사람에게 공언하고(profess), 최고 수준으로 자기 일을 수행하겠다고 맹세(vow)하는, 특정한 직업군의 믿을 만한 사람을 프로 또는 프로페셔널이라고 부르게 되었다.

골프 분야에도 프로가 있다. 우리나라에서는 일정한 자격을 통과한 골퍼를 'ㅇㅇㅇ 프로'라고 하는데, 이런 호칭은 골프 종주국인 영국이나 유럽, 미국에도 없는 우리나라와 일본에서만 쓰이는 특이한 문화다. 어쨌든 아마추어 골퍼와 프로 골퍼는 그들의 실력 수준, 동기, 그리고 금전적인 면에서 차이점이 있다.

아마추어 골퍼는 개인적인 도전, 즐거움, 여가, 사회적 교류를 위해 골프를 즐기지만, 프로 골퍼들은 골프를 직업으로 삼아 생계를 유지하기 위해 경기한다. 이들은 상금이 걸린 대회에 참가하며, 그들의 성과는 수입, 순위, 그리고 스폰서십 계약에 직접적인 영향을 미친다. 아마추어 골퍼도 프로 대회에 참가하기도 하지만 이들은 상금을 받을 자격이 없다. 미국 골프 협회(USGA)와 영국왕립골프협회(R&A)는 아마추어 자격에 대한 엄격한 규정을 하고 있다. 그 규정에 따르면, 아마추어 골퍼가 받을 수 있는 상의 최대 가치는 미화 1,000달러다. 만약 상의 가치가 이 금액을 초과할 경우, 아마추어 골퍼는 상을 거부하거나, 이를 받기 위해 아마추어 자격을 포기해야 한다. 이러한 규정은 아마추어 골퍼들이 금전적 이득이 아닌 골프 자체의 즐거움을 위해 경기에 임하도록 하며, 이를 통해 프로 골퍼들과의 차별점을 유지하도록 한다.

허리케인 때문에 대회 운영에 차질을 빚었던 2024년 8월 11일 PGA 투어 윈덤 챔피언십 마지막 라운드 챔피언조에서 일어난 사건으로 '프로골퍼'에 대한 논쟁이 있었다. 1, 2라운드 합계 12언더파 단독선두에 올랐던 미국의 맷 쿠처(Matt Kuchar, 46세)가 기상악화로 3, 4라운드 36홀 플레이가 진행된 마지막 경기에서 18번 홀 티샷 후 경기하기에 너무 어두운 것 같다고 자신의 공을 마크한 뒤 코스를 떠나 갤러리와 시청자, 그리고 대회 관계자들을 당황하게 했다. 당시 쿠차는 공동 12위였고, 같은 조에서 경기한 나머지 두 명은 어두운 조건에도 불구하고 라운드를 마쳤고, 심지어 우승자인 애런 라이(잉글랜드)도 제시간에 경기를 끝내고 우승을 확정한 상태였다. 쿠처는 결국 현지 날짜로 월요일 아침 혼자서 코스로 돌아와 18번 홀을 마쳐 공동 12위를 기록했는데, 그가 경기하는 데 필요한 시간은 단 6분이었다. 그 6분 때문에 그 대회 종료가 하루 연기된 것이었다. "오늘 아침 경기를 위해 대회에 나온 모든 사람에게 사과드린다"라고 했지만 쿠처의 행동이 정당한 것인지에 대한 논란이 일었다.

프로의 기준을 '돈'에 둔다면 쿠처가 마지막 홀에서 경기를 중단하고, 다음 날 러프에서 구제받아 파를 기록하면서, 만약 보기를 했다면 받았을 약 6만 달러(약 8천2백만 원)보다 두 배 이상 되는 상금 13만 4,695달러(약 1억 8천만 원)를 받은 것은 매우 현명한, 정말 프로다운 결정이 된다. 맷 쿠처는 2001년 PGA투어에 데뷔해 556개 대회에 출전해 통산 9승, 준우승 15번을 한 베테랑 프로골퍼다.

쿠처의 '나 홀로' 플레이에 대한 긍정적인 평가는 프로 골퍼로서 규칙이 허용하는 범위 내에서 공정한 조건에서 플레이하겠다는 정당한 요구였고, 이미 우승권에서는 멀어졌지만, 마지막 한 샷까지 최선을 다하겠다는 의지를 보여준 것이라고 보는 견해다. 반면에, 그의 행동을 부정적으로 보는 시각은 자신만을 생각한 이기적인 것으로 보는 것이다. 같은 조에서 다른 두 선수는 같은 조건으로 라운드를 마쳤는데, 팬이나 관계자에 대한 배려심 없이 궂은 날씨로 어렵게 진행됐던 경기를 또 하루 미루게 했다는 것이다. 다음 날 아침 다시 플레이 한 쿠처의 결정은 그에게는 이점을 제공했지만, 전날 저녁에 라운드를 마친 사람들에게는 불공평한 조건이 돼버렸다. 결국, 최적의 조건에서 플레이하려는 그의 의지와 영리한 전략적 사고를 보여준 동시에 스포츠맨십에 대한 의문도 제기하게 되었고, 그의 결정은 경기력 측면에서는 타당했을 것 같지만 토너먼트, 다른 선수, 팬들에 대한 광범위한 영향으로 인해 논란이 계속되고 있다.

존경받는 프로 골퍼는 뛰어난 경기력 외에도 여러 자질이 필요하다. 명예를 중시하는 골프에서 규칙 1.2a에 따라 성실하게 행동하고, 다른 사람을 배려하며, 코스를 보호해야 한다. 골프가 개인 경기임에도 불구하고, 코치나 동료 선수들로부터 배우려는 겸손한 자세와 모든 경쟁자를 인정하고 존중하는 것이 중요한 자질이다. 또한, 자선 활동 참여를 통해 받은 사랑을 돌려주고자 하는 마음도 골퍼의 명성을 크게 높일 수 있다. 팬들에게 오래 기억되고 존경받는 프로 골퍼는 비록 '돈'을 좇지만, 마음만은 갤러리들과 함께 골프 코스에 머무는 사람이다.

프로의 그림자

잔디 위에 선 그는
바람보다 먼저 움직이지 않는다.
스윙 하나에 담긴 건
기술만이 아닌,
수많은 눈빛과 기대,
그리고 자신과의 약속이다.

그가 볼을 친다.
그러나 더 멀리 보내는 건
자신의 명예다.
규칙은 그의 길이고,
배려는 그의 그림자처럼
조용히 뒤따른다.

프로란,
단지 돈을 좇는 자가 아니라
코스를 걷는 모든 이에게
존중을 남기는 사람,
팬의 환호 속에
자신의 이름보다
골프의 품격을 먼저 새기는 사람이다.

인문학적 성찰을 위한

Q1. 프로 골퍼에게 필요한 자질은 무엇인가?

단순한 경기력보다 성실함, 배려, 겸손, 그리고 공동체에 대한 책임감이 중요하다.

Q2. 쿠처의 결정은 프로다운 행동이었는가?

규칙 안에서의 전략적 선택이었지만, 스포츠맨십과 타인에 대한 배려는 논란을 남겼다.

Q3. 진정한 프로란 누구인가?

돈을 좇되, 명예를 지키며, 팬들과 함께 코스에 머무는 사람이다.

나는 네게 반쪽의 부족함을 채워가는 포섬일까, 각자의 길에서 최선을 다하는 포볼일까?

골프는 기본적으로 개인 운동이지만 팀을 이루어 하는 방식도 있다. 그중에서 대표적인 경기방식이 포섬(Foursome)과 포볼(Four ball)이다. 각 팀 2명의 선수가 한 조를 이뤄 플레이하는 것은 같으나, 포섬은 공 한 개를 같은 팀 두 명이 번갈아 치는 방식이고, 포볼은 같은 팀 두 명의 선수가 자신의 공으로 각각 플레이하는 경기방식이다.

포섬은 먼저 플레이 한 선수의 실수가 다음 선수에게 직접적인 영향을 미치므로 팀워크가 중요하고, 포볼은 두 선수 중 더 잘 친 선수의 성적이 반영되기 때문에 선수 개개인의 역량이 중요하다.

미국의 남녀 프로골퍼와 유럽의 남녀 프로골퍼가 경쟁하는 라이더컵과 솔하임컵, 미국 남자 프로골퍼에 유럽을 제외한 인터내셔널 대표가 대항하는 프레지던츠컵은 포섬과 포볼을 섞은 경기방식으로 진행된다. 그때마다 각 팀 주장은 어떤 선수들을 팀으로 묶을 것인지를 고민한다. 골프의 포섬(Foursome)과 포볼(Four ball) 형식에 적합한 이상적인 캐릭터 특성은 무엇이 있을까?

포섬(Foursome)이라는 용어에서 '섬(some)'이라는 단어는 그룹이나 파트너십을 의미한다. 포섬에서는 플레이어가 파트너와 지속적으로 결정을 내리기 때문에 매우 협조적이어야 서로 편안하게 협력하고, 아이디어를 공유하고, 전략을 타협할 수 있다.

두 팀원 모두 서로에게 많이 의존하기 때문에 신뢰를 쌓고 유지할 수 있는 선수가 필수적이고, 파트너의 실수를 이해하고 좌절감을 관리할 수 있는 인내력이 필요하다. 또한, 샷을 번갈아 하기에 압박 속에서도 평정심을 유지하고 코스의 다양한 상황에 적응할 수 있는 유연성이 요구된다.

포섬에서는 팀의 이익을 위해 개인적인 자존심은 포기할 수 있는 이타적인 성격이 매우 중요하다. 개인의 영광보다 집단적인 성공에 더 중점을 두는 플레이어는 포섬 형식에서 좋은 성적을 거둘 수 있다.

이에 비해 포볼은 개인플레이를 허용한다. 파트너가 홀에서 어려움을 겪더라도 자신만의 회복력으로 자기 플레이에 집중하여 성과를 만들어 낼 수 있어야 한다. 포볼에서는 자기 능력에 대한 자신감이 가장 중요하다. 자신감은 플레이어가 자신의 결정을 신뢰하고 일관된 성과를 유지하는 데 도움이 된다.

포볼에서 개인의 활약이 강조되더라도 파트너를 지지하는 자세가 필요하다. 경쟁심 없이 팀원을 격려하고 동기를 부여하는 것은 긍정적인 팀 환경을 조성한다. 플레이어는 코스에서 파트너의 위치에 따라 위험을 감수하거나 안전하게 플레이해야 할 때를 알아야 하므로 전략적 사고방식이 중요하다. 전략적이라는 것은 플레이어가 언제 팀을 이끌고 지휘할지, 아니면 따라갈지를 결정하는 데에도 도움이 된다.

결론적으로, 포섬에는 의사소통이 잘되고 신뢰를 쌓을 수 있는 협조적이고, 적응력이 뛰어나고, 이기적이지 않고, 인내력 있는 선수가 적합하고, 포볼에는 자신의 강점에 의지하면서 침착함을 유지하고 파트너를 지원하는, 독립적이고 자신감 있는 전략적인 사람이 필요하다.

하지만, 포섬은 책임 공유로 인해 집단적 스트레스를 유발할 수 있고, 포볼은 개인별 스트레스 관리가 필요하다. 포섬은 팀원 간에 기술 수준이나 의사소통 스타일에 상당한 차이가 있는 경우 갈등이 발생하고, 포볼은 팀 승리의 기여도를 두고 내부 경쟁에 의한 긴장감이 조성될 수 있고, 협력 부족으로 인해 팀 결속력이 약해져서 불균일한 기여가 좌절감이나 분노로 이어질 수도 있다.

포섬(Foursome)과 포볼(Four ball)은 골프에서 인기 있는 두 가지 팀 경기방식으로, 각각 선수들 간의 인간관계와 심리적 측면에서 서로 다른 역동성을 조성한다. 이들의 장단점을 이해하면 플레이어가 자신의 대인 관계 스타일과 경쟁 구도에 가장 적합한 형식을 선택하는 데 도움이 될 수 있다.

사랑하는 두 사람의 관계가 반반씩의 의무를 나눠지며 둘이 합쳐 하나가 되는 포섬과 내가 최선을 다한 결과로 상대방까지 책임지는 포볼 중 어느 쪽이냐는 개인적 기호나 시대적 흐름에 따라 변하고 있다. '오빠만 믿어' 스타일의 가부장적인 형태도 있고, 서로의 통장에 no touch 하는 '독립채산제'의 부부도 있으니까 말이다.

"나는 네게 어떤 의미일까?
번갈아 가며 다른 반쪽의 부족함을 채워가며 하나가 되는 포섬.
각자의 길에서 최선을 다해 살며 그 결과물로 우리가 되는 포볼.
나는 네게 포섬일까, 포볼일까?"

너와 나의 경기방식

너의 실수에 내가 반응하고
나의 침묵에 네가 답하는
우리는
하나의 공을 번갈아 치는 포섬일까?

각자의 공을 따라 걷다가
홀 앞에서 함께 웃는
우리는
각자의 길을 걷는 포볼일까?

사랑은 때로 번갈아 치는 인내
때로는 각자의 샷을 믿는 존중.

인문학적 성찰을 위한

Q1. 포섬과 포볼은 인간관계에 어떤 비유가 될 수 있을까?
포섬은 서로의 부족함을 채워가는 협력과 인내의 관계, 포볼은 각자의 최선을 존중하며 함께 성장하는 독립적 관계다.

Q2. 어떤 성격이 포섬과 포볼에 적합한가?
포섬은 이타적이고 협조적인 성향, 포볼은 자신감 있고 전략적인 성향이 적합하다.

Q3. 나는 너에게 어떤 존재인가?
너의 실수를 함께 짊어지는 포섬일까, 너의 성장을 응원하며 나도 최선을 다하는 포볼일까—그건 우리가 함께 만들어가는 이야기다.

골프 실력만큼이나 최고의 골프 동반자가
갖춰야 할 조건은 무엇일까?

2024년 12월 3일 계엄령과 2025년 4월 4일 대통령 탄핵 심판의 소용돌이를 거친 우리나라 국민이 생각하는 가장 심각한 사회 갈등은 '정치적 이념 갈등'인 것으로 조사됐다. 최근 나온 한국보건사회연구원 '사회 갈등에 대한 한국인의 인식 변화의 시사점'이란 보고서에 따르면, 응답률이 가장 높은 유형은 '진보와 보수의 갈등'(92.3%)이었다. 이어 정규직과 비정규직 사이의 갈등(82.2%), 노사갈등(79.1%), 빈부갈등(78.0%), 대기업과 중소기업 사이 갈등(71.8%), 지역갈등(71.5%)이 심각하다는 답변이 많았다.

이념 갈등은 개인의 사회관계에도 부정적인 영향을 주는 것으로 나타났다. 응답자의 71.4%는 '정치 성향이 다른 사람과는 시민·사회단체 활동을 할 의향이 없다'라고 답했고, '정치 성향이 다른 사람과는 연애·결혼할 의향이 없다'라는 사람도 58.2%, '정치 성향이 다른 친구·지인과 술자리에 같이할 의향이 없다'라는 응답 역시 33.0%였다.

그렇다면 정치 성향이 골프 동반자 선택에는 어떤 영향을 미칠까? 정치는 사회를 구성하는 중요한 요소 중 하나이며, 개인의 가치관과 정체성을 형성하는 데 깊은 영향을 미친다. 위 보고서통계는 정치적 차이가 사람들 사이의 사회적 거리감을 증가시키고 있음을 보여준다. 이는 골프와 같은 스포츠에서도 유사한 양상을 보일 가능성이 크다. 골프는 18홀 기준으로 4~5시간 이상 함께 플레이해야 하며, 라운드 동안 자연스럽게 대화가 오간다. 이 과정에서 정치적 견해가 다르면 의견 충돌 가능성이 있어서, 같은 정치 성향의 사람들과만 골프를 치려는 욕구가 생길 수 있다.

정치적 성향이 유사한 사람들끼리 더 자주 어울리게 되면, 골프 모임도 자연스럽게 동질화될 가능성이 있다. 특히, 기업이나 조직 내에서 정치적 성향이 비슷한 사람들끼리 네트워크를 형성하는 경우, 이들과의 골프 라운드가 더욱 빈번해질 수 있고, 이는 골프가 단순한 스포츠가 아니라 사회적 연결망을 강화하는 도구로 활용되는 현실과도 맞닿아 있다.

그러나 정치적 차이가 반드시 골프 동반자의 선택을 제한해야 하는 것은 아니다. 오히려 골프는 서로 다른 의견을 가진 사람들이 함께 어울릴 기회를 제공할 수도 있다. 스포츠는 본래 사람들을 연결하는 힘을 가지고 있으며, 정치적 성향과 무관하게 공통의 관심사로서 작용할 수 있다. 따라서 골프를 통해 정치적 견해가 다른 사람들과도 자연스럽게 소통하고, 서로의 차이를 이해하는 계기로 삼을 수도 있다. 이는 정치적 양극화가 심화한 사회에서 중요한 의미를 지닌다.

골프는 단순한 스포츠를 넘어, 인맥을 형성하고 관계를 발전시키는 중요한 장으로 활용된다. 그러므로 좋은 골프 동반자가 되는 것은 실력만큼이나 중요한 요소이고, 최고의 골프 동반자가 되기 위해서는 몇 가지 조건이 필요하다:

1. 스포츠맨십과 매너
골프는 예의를 중시하는 스포츠로, 동반자의 경기 경험을 존중하는 태도가 필수적이다. 타인이 플레이하는 동안 조용히 하고, 플레이를 방해하지 않도록 주의해야 한다. 또한, 슬로우 플레이를 피하고 속도를 유지하는 것은 가장 중요한 매너 중 하나다.

2. 긍정적인 태도와 유머 감각
골프는 때때로 실수가 많아질 수 있는 게임이므로, 긍정적인 태도를 유지하는 것이 중요하다. 동반자의 실수를 지나치게 지적하기보다는 격려하고, 함께 웃으며 즐길 수 있는 분위기를 조성하는 것이 최고의 동반자가 지녀야 할 자질이다.

3. 원활한 커뮤니케이션 능력

골프 라운드는 4시간 이상의 긴 시간 동안 함께하기 때문에, 대화의 흐름을 원활하게 유지하는 것이 중요하다. 좋은 골프 동반자는 다양한 주제에 관해 대화를 나누며 분위기를 부드럽게 만들고, 상대방의 이야기를 존중하는 태도를 보인다. 대화하는 능력은 상대와 소통하고 의사를 전달하는 능력이며, 대화를 끌어가는 능력은 상대방의 반응을 예측하여 대화를 유리하게 이끌어가는 능력이다.

4. 골프 실력과 경기 운영 능력
최고의 골프 동반자가 되기 위해 반드시 프로 수준의 실력이 필요하지는 않지만, 기본적인 골프 매너와 규칙을 숙지하고 있어야 한다. 또한, 자신의 플레이에 집중하면서도 동반자의 흐름을 방해하지 않는 배려가 필요하다. 실력이 부족하더라도 적극적으로 배우려는 자세가 있다면 좋은 동반자로 인정받을 수 있다.

5. 책임감과 신뢰성
라운드 시간과 약속을 철저히 지키는 것은 기본적인 책임감이다. 또한, 라운드 비용을 정산할 때도 함께 나누려는 태도를 보이는 것이 중요하다. 초청 라운드 일지라도 캐디피와 식사비는 자신이 부담하는 것이 좋고, 그것이 신뢰를 형성해서 언제든지 다시 함께하고 싶은 사람이 된다.

정치 성향이 동반자 선택의 절대 조건이 될 수는 없고, 그 라운드를 즐겁게 끌어가는 사람이 최고의 골프 동반자다. 골프는 단순한 실력

경쟁을 넘어, 함께하는 시간을 즐기고 관계를 돈독히 하는 스포츠이므로, 좋은 동반자의 자질을 갖춘다면 게스트 섭외 1순위 골퍼가 될 것이다.

같이 걷는 사람

볼은 각자 치지만
길은 함께 걷는다.
18홀은 실력보다 사람이 남는다.
정치가 다르다고
웃음까지 다를 필요는 없고,
스코어보다 분위기가 기억된다.
좋은 동반자는
내 샷을 기다려주는 사람,
내 생각도 들어주는 사람.

인문학적 성찰을 위한
Q & A

Q1. 최고의 골프 동반자가 갖춰야 할 조건은 무엇인가?

예의, 유머, 소통, 배려, 책임감—실력보다 중요한 건 함께하는 태도다.

Q2. 정치 성향이 골프 동반자 선택에 영향을 줄 수 있을까?

그럴 수 있지만, 골프는 서로 다른 생각을 이해하고 소통할 기회를 제공한다.

Q3. 좋은 동반자는 어떤 사람인가?

스코어보다 사람을 기억하게 만드는 사람, 함께 걷는 시간을 소중히 여기는 사람이다.

한국 골프계만의 여고남저(女高男低) 현상의 원인은 무엇일까?

전 세계 골프 시장에서 일반적으로 여자프로골프투어에 비해 남자프로골프투어의 인기가 높다. 미국 PGA시장 규모는 LPGA의 10배 정도로 추산되고, 총상금과 선수의 스폰서 수입과 광고 수입을 합친 총수입은 10배 이상 차이가 난다. 투어가 운용되는 지역에 따라 차이점이 있겠지만 남자투어가 더 인기 있는 보편적인 이유는 다음과 같다.

첫째는 역사적 요인이다. 영국뿐만 아니라 미국, 한국, 일본에서 남자투어는 여자투어보다 오랜 역사가 있다. PGA 투어는 1916년에 창립되었고, LPGA 투어는 1950년에 창립되었다.

둘째는 성별 격차다. 골프는 역사적으로 남성이 지배했으며, 남성 골프는 수년 동안 더 많은 관심과 투자를 받아왔다. 이러한 성별 격차는 남성 골퍼들에게 더 많은 기회, 더 높은 상금, 더 많은 후원으로 이어졌고, 이는 결국 남자투어의 인기에 이바지했다.

셋째는 스타 선수다. 남자투어는 아놀드 파머, 잭 니클라우스, 타이거 우즈와 같은 상징적인 남성 골퍼들의 스타성으로부터 혜택을 받았다. 이런 전설적인 선수들은 골프를 대중화하고 수년에 걸쳐 강력한 팬층을 구축하는 데 도움이 되었다.

넷째는 미디어 보도다. 남자투어는 TV 방송을 포함하여 더 광범위한 미디어에 노출돼왔고, 이는 더 높은 가시성과 인기를 유인했다. Masters, US Open, The Open Championship, PGA Championship과 같은 주요 남자 토너먼트는 전 세계적 언론의 큰 주목을 받는 대회다.

다섯째는 경제적 요인이다. 남자투어는 전통적으로 더 큰 기업 후원과 더 많은 상금을 받아 골퍼들에게 재정적으로 더 매력적이었다. 이러한 재정적 안정은 최고의 남자 프로골퍼를 재생산하여 남자투어의 경쟁력을 유지하는 데 도움이 되었다.

그러나, 이러한 전 세계 골프 투어 시장의 흐름에 역행하며 고전하고 있는 곳이 한국 남자프로골프 투어다. 한국 남자프로골프협회는 1968년 창립되었고, 그 남자협회 내에 여자 프로부를 만들어 테스트를 거친 8명의 여자 프로골퍼가 탄생한 것이 1978년이다. 여자프로

골프협회는 1988년 창립되었고, 1991년이 돼서야 문체부에 (사)한국여자프로골프협회가 등록되었다. 1978년부터 10년간 KLPGA 챔피언십은 KPGA 선수권의 여자부 경기로 KPGA 투어 대회와 같은 코스에서 열렸었다.

하지만 이제는 남자협회에서 셋방살이하던 여자 협회가 2013년부터는 더 넉넉한 재정을 가진 큰 조직이 되었다. 2025년 기준으로 KPGA와 KLPGA 투어의 대회 수와 총상금 규모는 다음과 같다:

* **KP(G)A(한국프로골프협회) 투어**
  - 대회 수: 총 20개 대회
  - 총상금 규모: 약 259억 원
  - 평균 대회당 상금: 약 12.9억 원
  - 총상금 10억 원 이상 대회: 13개 이상
  - 최고 상금 대회:
    제네시스 챔피언십 (총상금 400만 달러, 약 55억 원)
    KPGA 선수권대회 with A-ONE CC (총상금 16억 원)

* **KLPGA(한국여자프로골프협회) 투어**
  - 대회 수: 총 30개 대회
  - 총상금 규모: 약 325억 원
  - 평균 대회당 상금: 약 10.8억 원
  - 총상금 10억 원 이상 대회: 26개 이상

- 최고 상금 대회:

　한화 클래식 (총상금 14억 원)

　하이트진로 챔피언십 (총상금 12억 원)

　BC카드·환경 레이디스컵 (총상금 15억 원)

그렇다면 한국 골프계만의 여고남저(女高男低) 현상의 이유가 무엇일까? 한국에서 여자골프가 남자골프보다 대회 수와 상금 규모가 더 큰 이유는 단순한 인기 차이를 넘어, 여러 산업적·문화적 요인이 복합적으로 작용한 결과다.

5개의 주요 요인을 정리해보았다:
1. 미디어 노출과 스타 선수의 영향력
　- 여자 선수들의 대중적 인기가 높다. 박세리, 김미현, 신지애, 박인비, 고진영 등 세계적인 스타들이 꾸준히 등장하며 팬층을 확대했다.
　- TV 중계 시청률이 높고, 팬들의 관심이 집중되면서 스폰서들이 여자 투어에 더 적극적으로 투자하게 되었다.
　- 스타 마케팅 효과로 인해 기업들이 여자 선수 중심의 광고·홍보에 더 많은 예산을 배정하는 경향이 있다.

2. 스폰서 유치력과 기업 선호도
　- KLPGA는 기업 스폰서 유치력이 매우 강하다. 예를 들어, BC카드·환경 레이디스컵은 2025년 총상금 15억 원으로 KLPGA 최

대 규모 대회 중 하나로 성장했다.
- 여성 소비자 타깃마케팅을 고려한 기업들이 KLPGA를 선호한다. 화장품, 금융, 생활용품 등 다양한 산업군에서 여성 골프 팬을 겨냥한 마케팅이 활발하다.

3. 경기력과 국제 경쟁력
- 한국 여자 선수들은 LPGA에서 세계적인 성과를 꾸준히 내고 있다. 2025년에도 김아림, 김효주, 유해란, 임진희, 이소미 등이 LPGA에서 우승을 차지하며 국제무대에서 활약 중이다. 이러한 성과는 국내 투어의 위상과 흥행에도 긍정적인 영향을 준다.

4. 투어 운영의 안정성과 확장성
- KLPGA는 정규 투어 외에도 드림투어, 점프 투어, 챔피언스투어 등 하부 투어가 잘 갖춰져 있어 선수층이 두껍고 대회 운영이 안정적이다.
- KPGA는 최근 대회 수와 상금 규모가 증가하고 있지만, 과거에 비해 스타 선수 부재와 흥행력 부족으로 성장 속도가 상대적으로 느리다.

5. 관람 접근성과 팬 서비스
- 여자 골프대회는 수도권 중심의 접근성 좋은 골프장에서 많이 열리고, 팬 친화적인 이벤트가 많아 관람객 유치에 유리하다.
- 팬들과의 소통, SNS 활동, 팬 미팅, 팬클럽 결성 등 여자 선수들

의 친근한 이미지도 흥행에 기여하고 있다.

이런 다양한 이유는 철저히 시장경제 논리에서 찾아야 하며, 그중에서도 시청률과 광고가 핵심 요소다. 2022년 12월 시청률 조사회사 닐슨 코리아의 SBS 골프 분석자료에 따르면 KLPGA투어 평균 시청률 0.467%가 LPGA 투어 0.212%, KPGA 투어 0.133%, PGA투어 0.059% 등 모든 투어를 압도했다. 한국여자투어 시청률이 남자투어보다 3.5배 높다. 하지만 지금부터 12년 전 J골프가 AGB닐슨과 13개 지역의 케이블TV 가입가구를 대상으로 조사한 2013년 프로골프투어 시청률은 LPGA 투어(0.281%)가 가장 높았고, KLPGA투어 0.172%, KPGA 투어 0.141%, 유러피언투어 0.084%, PGA 투어 0.051% 순서였다. 10년 전만 해도 한국 남녀프로골프 투어 시청률은 큰 차이가 나지 않았다. 여기서 주목할 것은 바로 LPGA 투어의 시청률이 1위를 한 배경이다.

LPGA 투어의 높은 시청률을 견인한 것은 의심할 여지 없이 박인비의 활약이 결정적이었다. 2012년 LPGA 투어 상금왕과 최저타수상 수상 이후, 메이저 대회 3연속 우승을 비롯해 골프 역사상 최초의 그랜드슬램 도전 등 다양한 기록이 쏟아졌고, 2010년 신지애 이후 두 번째로 2013년 4월 26일 세계 여자골프 랭킹 1위에 올랐다. 특히 박인비가 그랜드 슬램에 도전했던 브리티시여자오픈은 최종 라운드 시청률이 1.137%(순간 최고 3.52%)를 기록하는 등 동 시간대 케이블 채널 1위를 차지해 높은 관심을 보였다.

결국, 시청자의 선호도를 수치로 나타내는 시청률은 국내 투어가 아니라 PGA나 LPGA에서의 활약이 좌우한다는 것이다. 1998년 박세리의 US오픈 우승 이후 한국 여성 골퍼들은 꾸준히 LPGA 무대를 휩쓸었고, 그 성적은 국내 여자프로골프 대회 수 증가와 비례 관계가 있다. 1988~1999년 10개 내외의 대회가 연평균 20개 대회를 돌파한 것이 2013년 이후였고, 2016년 이후엔 30개를 넘어섰다. 2005년~2012년 남녀프로골프 대회 수는 18개 내외로 비슷했었다.

골프대회를 후원하는 기업이 10억 원이 넘는 비용을 부담하는 것은 광고효과 때문인데, 여자대회가 남자대회보다 시장성이 좋다는 분석을 기초로 더 많은 기업이 여자대회를 후원한다. 골프의류나 장비 분야만 봐도 여성용이 시장을 좌우하는 것이 현실이다. 한국이 '세계 골프의류 시장 점유율' 45%로 1위고, 미국이 26.6%, 일본이 13.5%, 4위 캐나다가 1.9%에 불과하다. 국내 금융사들의 골프대회 후원이 KLPGA에만 쏠리는 것도 각종 금융상품에 대한 선택권이 남편이 아닌 아내, 즉 여성에 있다는 시장조사 때문이라고 한다.

결국, 한국 골프계의 여고남저(女高男低) 현상을 극복하기 위해서는 먼저, PGA에서 활약할 수 있는 스타 선수를 육성하고, 남성의 구매력이 높은 기업의 후원을 유도해서 대회 수를 늘려야 한다. '우리가 돈이 없지 가오(かお: 얼굴, 체면)가 없냐'라는 말은 자신의 분야에 대한 자긍심을 표현하는 말이다. 그런데 한국 남자 프로골퍼에게는 가오는 있는데 돈이 없다.

여고남저의 티샷

아놀드의 카리스마에, 타이거의 전설에.
남성이 휘두르던 클럽엔 위엄이 묻어났고
세계는 환호했다.
하지만
동쪽 작은 아침의 나라 페어웨이 위엔
새 시대가 조용히 걸어왔다.
박세리의 발끝에서 시작된 이야기,
박인비의 침묵 속 집중,
고진영의 견고함은 드라이버보다 강했다.
여성 골퍼가 팬을 불렀고, 화면을 빛냈다.
남성보다 '접근성' 있는 한 걸음 앞의 골프.

한국 남자 프로골퍼는 말한다.
"가오는 있는데 돈이 없다."
그러니 내일은,
티박스에 설 때
가오뿐 아니라 성적과 시장을 함께 움켜쥘
미사일 드라이브와 눈부신 퍼트를 위해
치열하게 연습하라.
그것이 우리가 만들어야 할
새로운 전설의 일부다.

인문학적 성찰을 위한
Q & A

Q1. 한국 골프계의 여고남저 현상의 핵심 원인은 무엇인가?

스타 선수의 국제 활약, 높은 시청률, 기업의 마케팅 전략, 여성 소비자 중심의 시장 구조가 복합적으로 작용한 결과다.

Q2. 남자 투어가 회복하려면 무엇이 필요한가?

PGA에서 활약할 수 있는 스타 육성, 남성 소비자 중심의 후원 유치, 대중의 관심을 끌 수 있는 콘텐츠와 운영 전략이 필요하다.

Q3. 골프의 인기와 시장성은 무엇에 의해 결정되는가?

실력뿐 아니라 미디어 노출, 팬과의 소통, 소비자의 선택, 그리고 기업의 투자 전략에 의해 결정된다.

그린 위의 권력 게임에서 대통령직에 있어도 국민에게 지는 대통령이 될 수 있을까?

2025년 6월 4일 대한민국 21대 대통령이 취임했다. 한 나라의 최고 권력자인 대통령과 골프의 세계는 어떤 관계가 있을까? 골프는 대통령에게 단순한 스포츠를 넘어 다양한 의미가 있다. 때로는 대중의 비판 대상이 되기도 하지만 그린 위에 펼쳐지는 대통령의 플레이 스타일에서 그들의 리더십을 엿볼 기회가 될 수도 있다. 개인적 차원에서의 취미 생활일 수도 있지만, 비공식적인 자리에서 외교나 정치를 논하는 도구일 수도 있다. 핸디캡이 2인 시릴 라마포사 남아프리카공화국 대통령은 클럽 대회 우승 경력이 19번이나 되는 '골프광' 트럼프 미국 대통령과의 백악관 회담에 메이저 골프대회에서 4승을 거둔 남아공 출신 세계적인 골퍼 어니 엘스를 데려갔다. 2017년 트럼프 1기 초기 아베 신조 전 일본 총리도 '골프 외교'를 이용해 그의 환심을 샀고, 아베 총리가 벙커에서 나오다가 뒤로 넘어지는 장면이 카메라에

찍혀서 화제가 되기도 했다.

대한민국 정치사에서도 골프는 종종 지도층의 사교 활동이나 여가 생활의 상징처럼 여겨져 왔고, 역대 대통령들에게 골프는 단순한 운동을 넘어 정책 결정 과정이나 사회적 논란의 중심에 서기도 했다. 대한민국 역대 대통령에게 골프는 개인적 유희부터 정책적 영향까지 넓은 스펙트럼이 있다.

개인적인 측면에서의 골프는 권력자의 여가와 소통 방식이다. 대통령의 여가 활동은 늘 대중의 관심을 받는다. 그중 골프는 특히 눈에 띄는데, 넓은 잔디밭 위에서 소수의 인원만이 함께 시간을 보내는 특성상 중요한 인물들 간의 비공식적인 대화나 관계 형성에 활용될 여지가 많기 때문이다. 과거부터 많은 정치인이 골프 회동을 통해 친목을 다지거나 은밀한 논의를 진행했다는 이야기가 공공연하게 떠돌았다. 물론 대중의 시선에서 '대통령이 골프를 친다'라는 행위는 종종 권위나 특권 의식과 연결되어 비판의 대상이 되기도 했다. 특히 경제적으로 어려운 시기나 국가적 재난이나 위급한 상황에서 대통령의 골프 라운드 소식이 위화감을 조성한다는 비판을 받기도 했다. 이처럼 골프는 대통령 개인의 여가 활동을 넘어, 그 행위 자체가 사회적 상징성을 띠며 다양한 해석과 평가를 불러왔다.

대통령의 골프는 정책적인 측면에서 개발과 규제의 딜레마다. 정부는 골프 산업과 관련된 다양한 정책을 입안하고 집행하고, 골프장 건설은 대규모 토지 이용을 수반하기 때문에 환경 문제, 농지 전용, 주민들과의 갈등 등 여러 사회적 이슈와 직결된다. 따라서 정부는 골프장 개발을 장려하여 지역 경제를 활성화하려는 측면과 환경 보존 및 사회적 형평성을 고려한 개발 규제 측면 사이에서 균형을 찾아야 했다. 골프가 하나의 산업으로서 고용을 창출하고 관련 소비를 촉진하는 긍정적인 효과를 가져올 수 있지만, 무분별한 개발은 산림 훼손, 농약 사용으로 인한 환경 오염, 물 부족 등의 문제를 일으킨다는 비판에 직면하기도 했다.

또한, 골프의 대중화 노력 역시 정책적인 측면에서 중요한 부분이었다. 과거 소수 특권층의 전유물로 여겨졌던 골프를 더 많은 국민이 즐길 수 있도록 대중 골프장을 확충하거나 이용료를 인하하는 등의 정책적 시도가 있었다. 이는 골프에 대한 사회적 인식을 개선하고 스포츠로서의 접근성을 높이는 데 이바지했다. 그러나 여전히 높은 진입장벽과 비용 문제는 지속적인 과제로 남아있다.

대한민국에서 골프는 오랫동안 '귀족 스포츠' 혹은 '일부 특권층의 전유물'이라는 이미지가 강했다. 이승만 대통령 시절엔 골프 자체가 대중화되지도 않았고, 박정희 대통령 때는 개인적인 취미 생활이 크게 드러나지 않았지만. 물론 당시에도 일부 고위층이나 재계 인사들 사이에선 골프가 유행하긴 했지만, 전두환 대통령 시절부터 호화로운 골프 여행 등이 언론에 보도되면서, 국민 정서와 괴리된 '사치스러운 취미'라는 비판이 일었다.

그 이후 대통령들은 골프에 대해선 좀 조심스러운 태도를 보였지만 시대가 변하면서 골프도 점점 대중화되기 시작했다. 김대중 대통령은 대한민국에서 골프 대중화를 공식적으로 선언한 최초의 대통령으로 평가받는다. 1999년 10월, 전국체전 공개행사에서 그는 "골프는 더 이상 특권층만의 스포츠가 아니다"라고 밝히며, 퍼블릭 골프장 확대를 통해 누구나 골프를 즐길 수 있도록 해야 한다고 강조했다. 그의 골프 대중화 선언은 당시 IMF 경제 위기 이후 국민에게 희망을 주었던 박세리 선수의 US여자오픈 우승과 맞물려 더욱 큰 영향을 미쳤다.

역대 대통령과 정부는 골프를 둘러싼 다양한 이해관계와 사회적 요구를 조율하며 정책을 추진했고, 개발과 보존, 특권과 대중화라는 상반된 가치 속에서 골프 관련 정책은 늘 논쟁의 대상이 되어왔다. 골프가 한국 사회에서 차지하는 독특한 위상을 고려할 때, 새로 취임한 21대 대통령이 골프를 어떻게 대하고 관련 정책을 어떻게 펼치는지가 골프계의 중요한 관심사가 될 것이다. 미국 34대 대통령 드와이트 아이젠하워의 "대통령을 그만두니까 골프에서 나를 이기는 사람이 많아지더라"라는 말은 그린 위의 권력의 영향을 풍자한 것이다. 대통령직에 있어도 그린 위에서 국민에게 지는 대통령이 되기를 바란다.

그린 위의 권력

대통령이 그린에 서도
잔디는 평등하다.
클럽을 쥔 손에 권력이 있어도
볼은 바람을 따라 움직인다.
벙커에 빠진 공처럼
정책도 때론 길을 잃는다.
하지만 스윙 하나에 담긴 결심은
국민의 눈빛을 향해야 한다.
그는 혼자 걷지 않는다
캐디도, 동반자도,
그리고 보이지 않는 수많은 국민도
그의 뒤를 따른다.
대통령이여,
국민에게 지는 법을
잔디 위에서 익히시라.
그 패배는
진정한 승리로 남을 것이다.
국민의 마음에
홀인원의 순간으로!

인문학적 성찰을 위한
Q & A

Q1. 대통령에게 골프란 어떤 의미인가?

단순한 여가를 넘어 외교, 정책, 상징적 행위로서 국민과의 관계를 드러내는 장이다.

Q2. 대통령이 골프에서 국민에게 진다는 건 어떤 의미인가?

권위보다 겸손을, 통제보다 공감을 선택하는 리더십의 표현이다.

Q3. 그린 위의 리더는 어떤 자세를 가져야 하는가?

스코어보다 태도를, 승리보다 배려를 기억하는 대통령이 국민의 마음을 얻는다

골프계에 부는 모래바람이 돈바람인가, 혼돈의 돌개바람인가?

벙커라는 단어는 가슴이나 작은 상자를 의미하는 16세기 스코틀랜드 단어 'bonkar'에서 유래했는데, 1812년 R&A 골프 규칙 17개 조 중 제4조(볼이 잔디에 있으면 볼의 한 클럽 이내에 있는 돌이나 다른 장해물을 제거할 수 있지만, 볼이 벙커에 있으면 어느 것도 제거할 수 없다)에 처음 등장했다. 2019 개정규칙 12조에 의하면 "벙커는 모래에서의 플레이 능력을 테스트하기 위해 특별하게 조성된 구역"으로서, 벙커에서 스트로크하기 전에 모래를 건드리는 것이나 벙커에 있는 볼이 구제받을 수 있는 장소를 제한하는 것은 이러한 플레이어의 능력을 제대로 테스트하기 위한 것이다.

예전에는 벙커에 있는 낙엽, 나뭇가지, 곤충이나 벌레, 돌멩이 같은 루스 임페디먼트를 치울 수 없었지만, 2019년부터 볼을 플레이하기 전에 루스 임페디먼트와 종이컵, 담배꽁초, 비닐봉지, 캔, 병 같은 움직일 수 있는 장해물을 제거할 수 있도록 했다. (12.2a) 벙커에 있는 루스 임페디먼트를 제거하는 과정에서 모래를 합리적으로 건드리는 것은 허용된다. 하지만, 퍼팅 그린과 티잉 구역을 제외한 구역에서 루스 임페디먼트를 제거하다가 볼을 움직이면 1벌타 후 원래 위치로 리플레이스 하므로, 벙커에서도 볼을 움직이지 않도록 조심해야 한다.

그런데 벙커처럼 보이지만 벙커가 아닌 구역이 있다. '웨이스트 벙커'(Waste Bunker)라고도 하는 이 구역은 일반적으로 모래가 많고, 매우 크며, 바위, 자갈, 또는 다양한 유형의 초목이 있을 수 있는 골프 코스의 영역이며 벙커도 페널티 구역도 아니다. 골프 규칙은 이 지역에 관해 규정하고 있지 않으며, 볼이 웨이스트 벙커에 있을 때는 별도의 로컬룰이 없는 한 페어웨이나 러프에 있는 것과 같은 규칙이 적용된다.

미국 여자프로골프(LPGA) 투어 2022시즌 마지막 메이저 대회인 AIG 위민스 오픈에서 커리어 그랜드슬램에 도전했던 전인지는 4차 연장에서 패하며 애슐리 부하이(남아프리카공화국)의 15년 만의 첫 우승을 축하해 줘야 했다.

4차 연장전까지 가는 동안 승부를 결정지은 곳은 바로 벙커였다. 1차 연장에서는 전인지가 그린 사이드 벙커에, 2차 연장에서는 부하이가 그린 사이드 벙커에, 마지막 4차 연장에서 전인지는 페어웨이 벙커에, 부하이는 그린 사이드 벙커에 빠져 두 번씩 벙커 샷을 해야만 했다.

하지만 전인지의 4차 연장 티샷이 페어웨이 항아리 벙커(pot bunker)에 들어갔고 세컨드 샷으로 벙커를 탈출한 그녀는 세 번째 샷을 먼저 해야만 했고, 부하이는 LPGA 벙커 세이브율 1위답게 그린 사이드 벙커에서 두 번째 샷을 깃대 옆에 붙여 파를 하며 우승했다.

결국 스코틀랜드에서 세인트앤드루스와 함께 역사가 가장 오래되고 2017년까지는 여성회원을 받지 않았던 뮤어필드의 벙커가 전인지의 커리어 그랜드 슬램의 발목을 잡은 것이다. 해안 가까이 조성된 링크스 코스에서는 강한 바람에 모래가 날리지 않도록 벙커를 깊게 파기 때문에 탈출하기가 쉽지 않다. 잭 니클라우스(Jack Nicklaus)는 뮤어필드를 "영국에서 가장 좋은 골프 코스"라고 했지만 전인지 선수에게는 가장 가슴 아픈 골프장이 되었다.

2021 디 오픈 36홀 최소타 기록(129타)을 세우며 마지막 메이저 대회 와이어 투 와이어(wire-to-wire: 4라운드 내내 1등)우승을 향해 달려가던 루이 우스트히즌의 발목을 잡은 것도 바로 그린 주변의 벙커였다. 마지막 날 가장 쉬운 로열 세인트조지스 7번 홀 그린 주변 항아리 벙커에서 친 세 번째 샷이 그린 반대쪽 벙커에 다시 빠졌고 결국 2퍼트 보기를 하며 이 홀에서 버디를 잡은 모리카와에 2타를 뒤지며 우승권에서 멀어진 것이었다.

이 로열 세인트조지스 골프클럽 4번 홀에는 영국에서 가장 깊고 높은 벙커가 있다. 이 벙커는 히말라야 벙커라고 불리는데, 세계에서 가장 높은 산맥의 이름을 따서 지은 데는 그럴 만한 이유가 있다. 이 벙커의 깊이는 12m, 너비는 7.5m나 되고. 벙커의 모양을 유지하기 위해 3면이 나무판자로 되어 있다. 2016 US오픈이 열렸던 오크몬트 골프장의 '교회 의자들(Church Pews)'로 불리는 90m가 넘는 벙커도 악명이 높다. 3번 홀과 4번 홀 페어웨이 사이에 있는 기다란 러프 둔덕들이 마치 교회 의자를 일렬로 정렬해놓은 것 같아서 이런 별명이 붙었다. 원래 6개의 벙커로 나뉘어 있던 것을 하나로 만들면서 유명해졌고, 처음에는 7개 '의자'밖에 없었지만, 2025년 13개의 잔디 둔덕이 됐고 두껍고 질긴 페스큐 잔디로 구성된 러프 의자에 볼이 들어가면 탈출은 고사하고 볼을 찾기도 어렵다. 미국에서 가장 깊은 벙커의 깊이는 PGA 웨스트 TPC 스타디움 코스 16번 홀의 약 5.8m이고, 세인트 앤드루스 올드 코스 14번 홀에 있는 지옥 벙커의 깊이는 약 3.7m다. 미국 뉴저지주에 있는 파인밸리 골프장 파3 10번 홀 그린 앞 벙커는 깊이가 3m밖에 안 되지만 너무 작아서 백스윙 각도가 잘 나오지 않기 때문에 '악마의 항문(Devil's Asshole)'이라는 재밌는 별명이 붙어 있다.

2019년 개정규칙 이후 많은 골퍼가 벙커에서 클럽으로 모래를 건드려도 된다고 오해했었다. 하지만 모래 성질을 테스트하거나, 백스윙이나 연습 스윙, 그리고 어드레스 할 때 클럽이 모래에 닿으면 안 된다. (12.2b/1) 이 '테백연어'의 경우를 제외하고 2벌타를 주던 조항이 사라졌다.

프로골퍼들은 퍼팅 그린 주변 러프보다는 벙커가 어프로치 하기에 더 편하다고 말하지만, 주말 골퍼에게 벙커는 들어가기 싫은 고약한 '악마의 항문'이다. 무조건 벙커는 피해 다니고, 어쩔 수 없이 들어갔다면 거리 무시, 방향 무시 과감히 한 번에 탈출해야 한다. 벙커 모래에서 한 번에 못 나오면 내일모레 나온다. 그중 몇몇은 결국 못 나오고 강의 중·하류 모랫바닥 근처에 숨어 사는 민물고기인 모래무지가 되었다는 전설이 있다.

요즘 골프 코스 밖에서도 'LIV 골프'라는 모래바람이 거세다. LIV 골프는 전통적인 골프계에 큰 파장을 일으킨 새로운 리그로, 2021년 사우디아라비아 국부펀드(PIF)의 지원을 받아 설립되어 기존 PGA 투어와는 다른 혁신적인 경기 방식과 막대한 상금을 앞세워 등장했다. 주요 특징은 PGA 투어 72홀과는 달리 54홀 경기, 모든 선수가 동시에 티오프하는 샷건 스타트, 개인전과 팀전을 병행하여, 개인전 상금은 대회당 약 2,000만 달러. 팀 챔피언십 상금은 시즌 최종전에서 5,000만 달러나 된다. 출발부터 필 미컬슨, 브룩스 켑카, 더스틴 존슨 등 세계적인 스타 골프선수를 대거 영입했고, 2025년 시즌에 총 14개 대회를, 사우디, 호주, 홍콩, 싱가포르, 미국, 유럽 등 전 세계를 무대로 개최 중이다. 2025년 5월 2일부터 4일까지 인천 송도 잭 니클라우스 골프클럽에서 LIV 골프 코리아가 열렸는데, 이는 한국에서 열린 첫 LIV 대회로, 장유빈 선수가 한국인 최초로 LIV에 합류해 주목받았다.

2023년 6월 LIV 골프의 자금원인 사우디 PIF는 PGA 투어, DP 월드

투어와 골프 관련 사업을 통합하는 데 합의했다. 공동 소유의 영리법인 설립, 기존의 모든 법적 소송 종료, PIF 의장의 PGA 이사진에 합류 등이 주요 합의 내용인데, 일부 PGA 선수들은 '배신감'을 표현하며 강하게 반발했고, 로리 매킬로이 등은 통합 자체는 찬성하지만, LIV에 대한 반감은 여전히 남아있다.

'LIV'는 로마자 54로서, 54홀 3라운드 대회를 한다는 뜻이고, 플레이어가 파72 코스의 18홀 모두에서 버디를 했을 때 기록할 수 있는 사실상의 최저 점수를 의미한다. 대회 방식도 기존의 2~3명이 10분~12분 정도의 시차를 두고 1번 홀부터 시작하는 것이 아니라 참가 선수 전원이 18개 홀에서 동시에 티샷을 날리는 샷건방식으로 진행된다. 따라서 12시간 이상 걸리는 경기 시간도 4시간 30분 정도에 끝난다.

하지만 경기 시간 단축이나 코스 컨디션의 차이가 발생하는 티오프 시간 배정에 대한 불만은 해소할 수 있었지만, 경기 운영방식에는 문제점이 있었다. 중계화면 한쪽에 자동차 경주 F1처럼 실시간으로 바뀌는 리더보드를 띄워 순위가 바뀌는 긴박감을 주는 것은 다른 스포츠와는 다른 골프 경기만의 속성에 대한 이해가 부족한듯하여 아쉬움이 있었다. 필자가 좋아하는 지인도 "골프에서 순위가 오르락내리락하는 그것을 중계하는 것은 재미와 관계가 없다. 시청자들은 선수들의 퍼포먼스를 보고 싶어 한다. 상대 선수와의 경쟁 구도는 필요가 없다. 왜냐하면 골퍼는 상대 선수가 아닌 자신과 경쟁하며 베스트스코어를 만드는 데 집중하기 때문이다."라며 온라인에 글을 올렸다.

골프가 구기종목이기는 하지만 축구, 농구, 테니스나 탁구처럼 상대방의 반응에 따라 전술 전략을 바꾸는 경기가 아니다. 자기의 적은 오직 자신뿐인 스포츠이기에 멘털 게임이라고 하는 것이며, 혼자서 해도 1등 못하는 것이 골프다.

벙커, 그 모래 위에서

벙커는 모래가 아니라
혼돈이다.
한 발 잘못 디디면
진심이 묻히고
자존심이 빠진다.
그날의 꿈도 빠진다.

벙커, 말랑한 위장이며
냉정한 심판대
한 샷으로 벗어나지 못하면
두 번은 더 깊은 수렁이 된다.

벙커 샷은 두려움 속의 용기다.
탈출 각도를 찾아
피하지 말고 길을 만든다.
뒷벽은 높고
앞은 막혀 있어도
넘어야 할 건
고난이 아니라 나 자신이다.

인문학적 성찰을 위한
Q & A

Q1. 벙커는 단순한 장애물인가?
벙커는 플레이어의 기술과 멘털을 시험하는 공간이며, 골프의 본질을 드러내는 상징이다.

Q2. LIV 골프는 골프계에 어떤 바람을 불러왔는가?
자본의 힘으로 전통을 흔들며 경기 방식과 운영 철학을 바꾸었지만, 골프의 본질에 대한 논쟁을 불러왔다.

Q3. 골프는 경쟁 스포츠인가, 자기 수련의 스포츠인가?
골프는 상대와의 경쟁이 아니라 자신과의 싸움이며, 최고의 퍼포먼스는 내면의 집중에서 나온다.

골퍼에게 4월은 가장 잔인한 달일까?

미국의 시인 T. S. 엘리엇이 『황무지』(The Waste Land)에서 '사월은 가장 잔인한 달, 죽은 땅에서 라일락꽃을 피우며, 추억과 욕망을 섞으며, 봄비로 생기 없는 뿌리를 깨운다'라고 했다. 이 시에 대한 '현대 세계의 비판'이라는 비평가들의 평가에 대하여 엘리엇은 "나에게 이 시는 인생에 대한 개인적인, 아주 하찮은 불평이며, 리드미컬한 투덜거림에 불과하다"라고 말했다.

골퍼들에게도 4월은 잔인한 달이고 불평투성이의 달이다. 어렵게 예약하고 찾아간 골프 코스는 모래와 잔디가 뒤섞여 있고, 이제 막 싹이 돋는 잔디 위에 놓인 볼을 치다 보면 뒤땅이나 탑 볼이 나기 일쑤고, 심술 맞은 봄비 때문에 라운드는 엉망이 되기도 한다.

그래도 4월에는 모든 골퍼가 기다리는 오거스타 내셔널 골프 코스에서 열리는 '마스터스 토너먼트'가 있다. 1934년 시작해서 2차 세계대전 때문에 1943~45년 세 번을 제외하고 매년 열려서 2025년 89번째 대회가 되었다. 세계랭킹 2위인 로리 매킬로이(북아일랜드)가 2025년 마스터스 토너먼트에서 저스틴 로즈(잉글랜드)와의 연장 접전 끝에 우승하여 커리어 그랜드슬램을 달성하며 대회장을 찾은 모든 패트론들과 시청자, 그리고 전 세계 골퍼들에게 큰 감동을 주었다. 이것은 진 사라센, 벤 호건, 게리 플레이어, 잭 니클라우스, 타이거 우즈에 이어 역사상 여섯 번째 기록이며, 최초의 유럽인이었다.

'마스터스 토너먼트'는 최고의 남자 프로골퍼들만이 참가할 수 있는 대회다. 말 그대로 '마스터(master)', '골프장인'들의 경연이다. 사전적 의미로 장인(匠人)이란 심혈을 기울여 물건을 만드는 예술인으로 풀이된다. 예로부터 '장인'을 또 다른 말로 '장이ㄴ'라고도 불렀는데, '장이'는 일과 관련된 기술을 가진 사람이란 뜻을 더할 때 쓰는 접미사로, 순우리말로 전문가를 뜻한다. 한 가지 일을 파고들어 그것에 정통하고 전력과 최선을 다하는 철저한 정신의 소유자를 말하는 것이다. 장인과 같은 의미로 쓰이는 단어로는 '공장(工匠)', '바치'를 들 수 있다. 장인은 단순히 물건을 만드는 솜씨에만 국한된 사람이 아니다. 수많은 반복과 오랜 경험의 수련으로 인간의 경지를 초월한 솜씨를 가진 사람을 말하는 것이다.

서양에도 우리의 장인에 해당하는 사람을 지칭하는 단어가 있다. 프로는 '프로페셔널(professional)'의 줄임말로서, 사전적으로는 '어떤 일을 전문으로 하거나 그런 지식 또는 기술을 가진 사람', '전문가', '직업 선수'라는 의미다. 프로는 손기술로 물건을 만드는 사람으로, '아티스트(artist)'의 경지에 오를 정도로 기술을 연마해야 했다. 이 단어는 비숙련공에게는 적용되지 않았고, 자신의 사업장을 운영하는 사람은 '마스터(master)', 그렇지 않은 사람은 '직인(journeymen)'이나 '도제(apprentices)'라고 했다. 결국, 마스터스 토너먼트는 수없이 많은 연마를 통해 최고 경지의 골프 능력을 소유한 프로 선수들만이 참가하는, 그래서 전 세계 수천만의 사람들이 오거스타 내셔널 화랑에서 갤러리가 되어 최고의 걸작(masterpiece)을 감상할 수 있는 그런 대회였다.

노동 사회학자인 리처드 세넷(Richard Sennett) 뉴욕 대학교 교수는 제아무리 기술이 첨단을 달린다고 해도 현대 문명의 근본은 여전히 사람이 하는 일이고, 사람의 손끝에서 품질이 결정되기 때문에 장인 의식은 산업사회에서 기계와 싸움에서 패한 것으로만 봐서는 곤란하다고 지적하며, 그보다 장인 의식이란 인간의 기본적 충동이며, 일 자체를 위해 일을 잘해 내려는 욕구라고 주장한다. 마스터스 토너먼트에 참가하기 위한 욕구로 자신을 끊임없이 연마하는 모든 골프장인에게 박수를 보낸다.

4월의 골프장인

사월은 가장 잔인한 달,
뒤땅은 지난겨울의 흔적이고
탑 볼은 봄비의 뿌리다.

라일락처럼 휘어진 스윙,
추억과 욕망이 섞인 라운드에
페어웨이는 냉소(冷笑)를,
그린은 퍼터를 흔든다.

사월은 가장 잔인한 유혹의 달,
그러나 잔인함 속에서 피어난
기술은 봄비를 뚫고 꽃이 되고,
버디 하나에 찬사를 보내며
우리는 다시 한번
스윙의 이유를 되묻는다

인문학적 성찰을 위한

Q1. 왜 골퍼에게 4월은 잔인한 달인가?

기후와 코스 상태가 불안정해서 실수와 불만이 많아지지만, 동시에 최고의 대회인 마스터스가 열리는 달이기 때문이다.

Q2. 마스터스 토너먼트는 단순한 경기인가?

그것은 최고의 프로선수들이 수련과 열정으로 빚어낸 기술의 예술 무대이며, 인간의 손끝이 빚어낸 걸작을 감상하는 시간이다.

Q3. 장인 정신은 현대사회에서 어떤 의미가 있는가?

기계가 지배하는 시대에도, 품질은 여전히 사람의 손끝에서 결정되며, 장인 정신은 인간의 본능적 욕구이자 문명의 근본이다.

페어웨이 위의 자본주의는
인간을 어떻게 경쟁시키고 소비하는가?

2025시즌 플레이오프 최종전 투어 챔피언십은 164번째 도전 만에 PGA 투어 첫 우승을 거둔 잉글랜드 토미 플리트우드가 차지했다. 페덱스컵 플레이오프와 투어 챔피언십은 매년 전 세계 팬들의 시선을 사로잡는다. 그 화려한 무대는 '쩐의 전쟁'이라 불릴 만큼 막대한 상금으로 유명하다. 1, 2차전의 총상금은 2천만 달러, 우승 상금은 360만 달러, 최종전인 투어 챔피언십은 총상금 4천만 달러, 우승 상금은 1천만 달러나 된다. 이처럼 스포츠 중에서도 특히 골프는 자본의 흐름이 노골적일 정도로 선수의 삶과 직결된다. 프로골퍼와 돈의 관계를 경제적, 사회적, 인문학적 관점에서 입체적으로 분석해 본다.

1. 경제적 시선: '골프는 곧 산업이다.'

골프는 단순한 스포츠가 아닌, 거대한 경제 시스템이다. 페덱스컵은 미국 PGA 투어가 만든 시즌 포인트 레이스이며, 이 시스템은 스폰서십, 중계권, 입장권 수익, 마케팅 계약 등 복합적인 수익 구조 위에 세워져 있다. 경제학적으로 볼 때, 프로골퍼는 '스타 상품'이자 '생산자'다. 그들은 자신만의 브랜드와 퍼포먼스를 통해 팬의 시선을 끌고, 기업의 광고 모델로 소비된다. 이 과정에서 선수의 경쟁력은 곧 자본 유치력이 된다.

세계적인 선수들의 수입 구조를 살펴보면 상금보다 광고 수입이 훨씬 큰 비중을 차지한다. 타이거 우즈나 로리 매킬로이, 최근에는 스코티 셰플러와 콜린 모리카와처럼 페덱스컵에서 성적을 낸 선수들은 글로벌 기업과의 계약을 통해 억 단위의 수익을 창출한다. 결국 투어에서의 순위와 실력은 단지 스포츠적 성과에 그치지 않고, 경제적 생존과 직결되는 시장 경쟁력으로 작동한다.

2. 사회적 시선: '돈이 계급을 만든다.'

그러나 이와 같은 구조는 프로골퍼 사이에 극단적인 양극화를 낳는다. 상위권 선수는 호화 전용기를 타고 이동하며 수백억 자산가가 되지만, 하위권 선수는 투어 자격 유지와 항공료, 숙박비를 걱정한다. 남자 PGA 투어에서조차 전체 투어 플레이어 중 절반 이상은 연간 순이익이 크지 않다. 즉, 프로골프는 구조적으로 승자독식의 사회적 시스템 위에 놓여 있다.

또한, 사회적 배경에 따라 프로골퍼가 되는 과정 자체에도 큰 장벽이 존재한다. 골프는 기본적으로 시설, 장비, 코칭, 대회 참가비 등 높은 진입 장벽을 요구하는 종목이기 때문이다. 사회학적 관점에서 이는 계급적 스포츠로 해석될 수 있다. 프로로 전향하기까지의 경로에서 '돈이 있는 집안'과 '없는 집안'의 격차는 출발선 자체를 다르게 만든다.

이와 같은 현실은 투어 무대 위에서도 그대로 이어진다. 기회는 평등하지 않고, 성과는 비례하지 않으며, 결과는 자본에 귀속되는 구조. '쩐의 전쟁'이라는 말은 단순한 과장이 아닌, 이러한 사회적 불균형의 표현이다.

3. 인문학적 시선: '가치와 욕망 사이에서'

인문학적으로 바라보면, 프로골퍼는 돈과 명예를 좇는 현대 자본주의의 상징적 주체다. 그들은 기술과 정신을 훈련하여 이상적인 인간 능력을 구현하는 듯하지만, 동시에 돈과 스폰서의 요구 속에 자신을 상품화하며 정체성을 잃어간다.

골프는 본래 '자기 수양'의 운동이다. 조용한 자연 속에서 자신과의 싸움을 벌이며, 인내와 집중력으로 스코어를 완성하는 내면을 향한 인간적 사유와 연결된다. 그러나 오늘날 투어의 무대는 점점 '소비와 경쟁의 전시장'으로 바뀌고 있다. 선수들은 "성실한 자기 관리"보다

"효율적인 수익 구조"를 고민하며, 스윙보다 스폰서 광고가 더 주목받는다.

여기에서 질문은 다시 시작된다. "골퍼는 왜 골프를 하는가?" 실력을 증명하기 위해서인가, 돈을 벌기 위해서인가. 이는 스포츠 전반에 해당하는 인문학적 물음이지만, 골프만큼 이 질문이 날카롭게 드러나는 종목은 드물다. 페덱스컵의 1천만 달러(약 140억 원) 상금은 이 질문 앞에 한 줄의 침묵을 요구한다.

프로골프, 특히 페덱스컵과 투어 챔피언십이 보여주는 '쩐의 전쟁'은 단순한 스포츠 이벤트가 아니다. 이는 현대 자본주의 사회에서 인간이 어떻게 경쟁하고 소비되며, 자신을 어떻게 정의하는지를 보여주는 축소판이다. 경제적 측면에서는 프로골퍼가 자본과 기술의 결합체라는 사실을, 사회적 측면에서는 돈이 계층과 기회를 어떻게 결정하는지를, 인문학적 측면에서는 인간이 내면의 가치와 외적 성공 사이에서 얼마나 갈등하는지를 골프는 보여준다.

페어웨이는 아름답지만, 그 위에 서 있는 선수들의 표정은 전혀 평온하지 않다. 그들의 스윙 속에는 볼의 궤적만이 아닌 삶의 무게, 가치의 고민, 그리고 돈의 그림자가 함께 실려 있다.

자본과 프로골퍼

페어웨이의 스코어는
계약서의 숫자를 결정한다.
프로골퍼는 코스의 예술가인가,
아니면 고도로 훈련된 상품인가?
그의 손끝은 정교하지만
그의 삶은 계산된다.

보이지 않는 경쟁자들의 주검.
페어웨이 위의 자본주의는
아름답고 잔인하다.
프로골퍼는
볼을 치는 게 아니라
가치를 캐는 것이다.

인문학적 성찰을 위한
Q&A

Q1. 프로골퍼와 돈의 관계는 어디까지가 적정선인가?
경제적 생존과 경쟁력 확보는 필수지만, 내면의 가치와 정체성을 잃지 않는 선에서 균형을 찾아야 한다.

Q2. 골프는 왜 자본주의의 축소판이라 불리는가?
기술과 정신의 수양이 상품화되고, 기회와 결과가 자본에 의해 결정되는 구조가 골프에 뚜렷하게 드러나기 때문이다.

Q3. 프로골퍼는 무엇을 위해 골프를 하는가?
성취와 생존, 명예와 수익 사이에서 끊임없이 선택하며, 그 선택이 곧 인간의 삶과 철학을 반영한다.

대한민국 골프의 대중화 현황과 과제는?

한때 '귀족 스포츠'로 불리던 골프는 최근 대한민국에서 빠르게 대중화되고 있다. 과거에는 고가의 장비, 회원제 골프장, 높은 그린피 등으로 인해 일부 계층만이 즐길 수 있었지만, 현재는 다양한 연령층과 사회계층에서 골프를 접하고 있다.

대한민국은 아시아에서 가장 빠르게 골프 인프라를 확장한 국가 중 하나다. 2020년대 들어 골프 인구는 500만 명을 넘어섰으며, 특히 2030 세대와 여성 골퍼의 증가가 두드러진다. 스크린골프의 보급은 골프 입문 장벽을 낮추는 데 큰 역할을 했고, 유튜브와 SNS를 통한 골프 콘텐츠 소비도 활발하다. 또한, 박세리, 박인비, 고진영 등 여자 프로골퍼와 최경주, 임성재, 김주형 등 세계적인 선수들의 활약은 골프에 대한 국민적 관심을 높였다.

실내에서 저렴하게 즐길 수 있는 스크린골프는 골프 입문자에게 골프 진입의 문턱을 낮추는 환경을 제공하는데, 2025년 6월 기준 약 9,487개 매장이 있고, 상위 4개 브랜드가 전체 시장의 약 93%를 차지한다. 또한, 2024년 말 기준 군 골프장 35개 포함 562개 골프장 중 367곳 (65%)이 퍼블릭 골프장이다. 회원제 골프장 중심의 구조에서 벗어나, 누구나 예약하고 이용할 수 있는 퍼블릭 골프장이 늘어나고 있다. 더구나 골프웨어가 일상복으로 자리 잡으며, 골프는 더 이상 '중년 남성만의 스포츠'가 아닌 '라이프스타일'로 인식되고 있고, 골프 유튜버, 인플루언서들이 골프를 쉽고 재미있게 소개하면서 젊은 층의 유입이 활발하다.

그런데도 골프의 완전한 대중화에는 여전히 몇 가지 장애물이 존재한다.
- 높은 비용: 퍼블릭 골프장이 늘었지만, 여전히 그린피와 장비 비용은 부담스럽다. 특히 주말 예약은 경쟁이 치열하고 가격도 높다.
- 접근성의 한계: 수도권 외 지역에서는 골프장 접근성이 떨어지며, 대중교통으로 이동하기 어려운 경우가 많다.
- 문화적 장벽: 일부 골프장에서는 여전히 폐쇄적인 운영 방식을 고수하며, 신규 골퍼에게 불편함을 주는 사례도 있다.
- 환경 문제: 골프장 개발로 인한 산림 훼손과 수질 오염 등 환경적 논란도 대중화의 걸림돌로 작용한다.

이러한 문제를 해결하기 위한 골프 대중화 정책 제안은 단순히 비용을 낮추는 것 이상으로, 접근성, 문화, 제도, 환경 등 다양한 측면을 포괄해야 한다.

1. 공공 퍼블릭 골프장 확대
- 지방자치단체 또는 공공기관이 운영하는 저렴한 골프장 설립
- 도심 근교에 9홀 또는 파3 중심의 소형 골프장 개발
- 지역 주민 우선 예약제 도입으로 지역 밀착형 운영
【기대 효과: 비용 부담 완화, 접근성 향상, 지역 경제 활성화】

2. 세금 및 규제 완화
- 회원제 골프장에 부과되는 과도한 재산세 · 개별소비세 조정
- 퍼블릭 골프장에 대한 세제 혜택 확대
- 캐디 · 카트 의무제 완화로 셀프 플레이 선택권 보장
【기대 효과: 운영비 절감 → 이용료 인하 → 소비자 부담 감소】

3. 골프 교육 및 문화 확산
- 학교 체육에 골프 체험 프로그램 도입 (스크린골프 활용)
- 청소년 · 여성 대상 무료 골프 교실 운영
- 골프 에티켓 · 규칙 교육 콘텐츠 개발 및 보급
【기대 효과: 골프에 대한 인식 개선, 신규 유입층 확대】

4. 접근성 개선 및 인프라 다양화
- 골프장과 연계된 대중교통 노선 확대 (셔틀버스 등)

- 도심형 연습장, 공공 실내 골프장 확대
- 예약 시스템의 디지털화 및 투명한 가격 공개
  【기대 효과: 물리적 접근성 향상, 예약 편의성 증대】

5. 친환경 골프장 조성
- 생태 보존형 골프장 설계 기준 마련
- 친환경 비료·잔디 사용, 수질 관리 강화
- 지역사회와 상생하는 운영 모델 구축
  【기대 효과: 환경 논란 해소, 지속가능한 스포츠로서의 정착】

골프의 대중화는 단순히 더 많은 사람이 골프를 치는 것이 아니라, 누구나 부담 없이, 편리하게, 즐겁게 접근할 수 있는 구조를 만드는 것이다. 이를 위해 정부는 제도적 기반을 마련하고, 업계는 운영 방식을 혁신하며, 소비자는 건강한 골프 문화를 형성하는 데 함께해야 한다.

퍼블릭 골프장 P is

잔디는 더 이상 신분을 가리지 않는다.
골프는 묻는다,
너는 준비되었는가—함께 걷기 위해.
P, 그것은 Public이 아니라
Possibility였다.

접근의 문턱을 낮추고
공정한 라운드를 향한 희망의 티샷.
스크린 골프장에서도,
도심의 파3에서도,
우리는 스윙을 배운다.

기술보다 태도를 먼저.
P를 다시 새겨라.
Participation—참여의 시작으로
Patience—인내의 연습으로
Promise—함께한다는 약속으로
그린 위에서 우리가 만든 길이
삶이 되는 그날까지.

인문학적 성찰을 위한

Q1. 골프의 대중화는 단순한 인프라 확장인가?

그것은 누구나 존중받으며 참여할 수 있는 문화적 공간을 만드는 일이다.

Q2. 퍼블릭 골프장은 평등의 상징이 될 수 있는가?

예약의 자유, 비용의 공정성, 접근의 편의성은 스포츠를 민주화하는 핵심 요소다.

Q3. 골프는 왜 인격의 거울이라 불리는가?

골프는 규칙과 에티켓을 통해 기술보다 태도를 먼저 요구하며, 자기 성찰의 장이 된다.

기술과 전략
― 경기의 골프

- 코스 공략과 동물적 직관
- 우연과 선택
- 코스 난이도와 철학
- 위기의 재해석
- 규칙의 이해와 무지
- 스타의 존재 가치
- 명칭과 본질
- 겨울 골프와 안전
- 예측 불가능성
- 캐디의 미학적 역할
- 골퍼의 성향과 자연

뱀의 속성이 골프에서
코스 공략 방식과 관련이 있을까?

2025년 을사년(乙巳年)은 육십 간지의 42번째로 청색의 '을(乙)'과 뱀의 '사(巳)'를 상징하여 '청사(靑蛇)', '푸른 뱀의 해'다. 많은 사람이 뱀을 무섭고 징그럽다고 생각하지만 뱀은 다양한 문화권에서 긍정적인 의미가 있다. 을(乙)은 동양의 오행에서 '나무'를 의미하기도 하는데 이는 생명력과 성장을 상징하고, 뱀(巳)은 뛰어난 통찰력과 직관력을 가진 동물로 알려져 '을사'는 '새로운 시작', '지혜로운 변혁', '성장과 발전'을 뜻한다고 할 수 있다. 서양의 그리스 로마신화에선 뱀을 '논리의 신',' 치유의 신'으로 여기는데, 세계보건기구(WHO) 마크에 뱀이 지팡이를 감고 있는 모습을 통해서 그 의미를 알 수 있다. 또 고대 인도와 불교에서도 뱀은 비와 땅을 관장하는 '풍요의 신'으로도 숭배됐다.

우리나라에서는 집안의 재물을 지켜주는 '업신'의 역할을 했는데, 업신의 '업'은 복을 뜻하는 순우리말이다. 이 신이 들어오는 것을 '업이 들어온다'라고 하는데, 보통 인간 앞에 나타날 때는 구렁이의 모습이어서 '업구렁이'라 한다. 업신이 구렁이 모습으로 나타난다고 한 것은 고양이가 흔하지 않았던 시절에 백성들의 집에서 구렁이가 쥐를 잡아주었기 때문이다. 또한, 우리말에는 을사년과 연관된 말도 있다. 바로 '을씨년스럽다'인데, 주로 마음이나 날씨가 어수선한 상황에서 쓸쓸하고 스산한 분위기를 뜻하는 용어로 쓰이는 말이다. 사실 이 말은 1905년 일본에 의해 대한제국의 외교권이 박탈되었던 불평등 조약인 '을사늑약'이 맺어지면서 당시 비통하고 스산한 분위기를 일컫는 말로 '을사년스럽다'가 사용되다가 이후 '을씨년스럽다'로 쓰이게 된 것이다.

골프에도 보기에 분위기가 몹시 스산하고 쓸쓸해지는 미스샷이 있는데, 우리나라 골퍼들이 그것을 '뱀 샷'이라고 한다. 지면을 따라 굴러가며 불규칙하게 움직이는 샷으로, 뱀이 미끄러지는 동작과 비슷하다고 하여 그런 이름이 붙여졌다. 이는 일반적으로 클럽페이스가 볼과 제대로 접촉하지 못하거나 임팩트 시 과도하게 열리거나 닫힐 때 볼이 공중으로 떠오르지 않고 잔디를 따라 미끄러지게 된다. 뱀 샷은 골프에서 자주 발생하는 또 다른 미스샷인 토핑(topping)과 비슷한데, 클럽이 볼의 위쪽 절반을 때릴 때 발생하여 볼이 적절한 비행궤적을 달성하지 못하고 지면을 따라 약하게 굴러가는 토핑은 높이와 거리가 훨씬 부족한 샷이 된다.

하지만, 뱀의 속성을 이용한 골프 코스 공략법은 대단히 효율적이다. 뱀은 길고 유연한 몸, 민첩한 움직임, 그리고 뛰어난 환경 적응력을 지닌 생존의 대가다. 이 뱀의 속성들은 골프에서 코스를 공략하는 방식에 깊은 영감을 줄 수 있다.

첫째, 유연성과 적응력: 상황에 맞는 전략
뱀은 주변 환경에 따라 몸의 움직임과 전략을 즉각적으로 조정한다. 좁은 틈새를 통과할 때는 몸을 가늘게 하고, 먹이를 사냥할 때는 순간적인 힘을 발휘한다. 골프에서도 바람이 강하게 부는 날에는 낮은 탄도로 공을 치는 '펀치 샷'을 활용하거나, 러프에 빠졌을 때는 무리하게 그린을 노리기보다 안전하게 페어웨이를 선택하는 유연한 플레이가 실수를 줄이고 스코어를 안정적으로 유지할 수 있다.

둘째, 치밀한 관찰과 분석: 코스의 이해
뱀이 사냥을 하기 전에 목표물을 조용히 관찰하고, 적절한 타이밍에 공격하듯이, 골프에서도 코스를 자세히 분석하는 것은 성공적인 라운드를 위한 필수 요소다. 티 박스에 서기 전에 코스의 레이아웃을 확인하고, 장해물과 핀의 위치를 분석해야 한다. 특히 그린의 경사와 잔디의 결을 읽는 것은 퍼팅 성공률을 높이는 데 중요한 역할을 한다.

셋째, 인내와 침착함: 위험 관리
뱀은 불필요한 위험을 감수하지 않는다. 사냥감이 너무 크거나, 자신에게 위협이 되는 상황에서는 신중하게 물러서는 선택을 한다. 골프에서도 무리한 공격은 종종 실수를 초래한다. 침착한 판단과 인내심은 뱀의 생존 본능처럼 골퍼의 경기력에도 큰 영향을 미친다.

넷째, 기회 포착: 결정적인 순간
뱀은 기회가 왔을 때는 망설임 없이 행동한다. 골프에서도 공격해야 할 순간과 방어해야 할 순간을 구분하는 것이 중요하다. 예를 들어, 바람이 잔잔하고 코스 컨디션이 좋다면 자신 있게 드라이버로 장타를 노려볼 수 있지만 리스크가 큰 상황에서는 뱀처럼 신중한 태도를 유지하며 기회를 기다리는 것이 현명하다.

뱀의 속성은 단순히 자연 생태계에서만 적용되는 것이 아니다. 그들의 유연성, 분석력, 침착함, 그리고 기회 포착 능력은 골프뿐만 아니라 다양한 분야에서 필요한 교훈을 제공한다. 을사년 '푸른 뱀의 해'에는 뱀 샷의 두려움 보다는 뱀의 지혜를 활용한 전략적인 골프를 즐기는 골퍼가 되길 바란다.

푸른 뱀의 코스

지혜의 페어웨이에서
샷은 선택이고,
선택은 나의 성찰이다.
바람이 불면 낮게,
위험이 보이면 멀리,
기회가 오면 깊게 친다.

지혜는 곧 유연함이며,
성장은 곧 인내다.

나는 공을 치지 않는다.
나는 나를 친다.
잔디 위에 남겨진 궤적은
내가 지나온
사유의 흔적이다.

인문학적 성찰을 위한
Q&A

Q1. 뱀의 속성은 골프에서 어떤 전략적 의미를 갖는가?

유연성, 관찰력, 침착함, 기회 포착—모두 코스 공략의 핵심 자질이다.

Q2. '뱀 샷'은 단순한 실수일까?

때로는 지면을 활용한 전략적 선택이 될 수 있으며, 실패도 배움의 일부다.

Q3. 푸른 뱀의 해, 골퍼는 어떤 태도를 보여야 할까?

두려움보다 지혜를, 무모함보다 인내를 선택하는 전략적 사고가 필요하다.

프러퍼드라이(Preferred Lie): 우연은 행동하는 자의 몫이고, 기회는 선택하는 자의 몫일까?

골프에는 윈터룰(Winter Rules)이라고 해서 겨울철에 골프 코스의 바닥 상태가 얼었다가 녹아서 질퍽거리거나 진흙투성이 일 때 볼의 위치를 원래의 라이에서 일정한 거리 이내까지 옮길 수 있게 허락하는 로컬룰 모델 E-3가 있다. 보통 프러퍼드라이(Preferred Lie) 또는 '리프트, 클린 앤 플레이스 룰(Lift, Clean and Place Rules)'이라고도 한다.

프리퍼드라이(preferred lie)는 폭설, 해빙기, 장마, 폭염 등 좋지 않은 기상 상태 때문에 코스가 손상되거나 잔디를 깎는 무거운 장비를 사용할 수 없는 경우에 플레이어들이 공정한 플레이를 할 수 있도록 하고, 페어웨이를 보호하기 위하여 채택하는 로컬룰이다. 골퍼가 샷 한 볼이 페어웨이에 있을 때 벌타 없이 집어서 홀에 더 가깝지 않은 어느 방향이든지 더 좋은 자리에 볼을 옮겨 놓고 플레이할 수 있게 하는 로컬룰이다. 하지만, 러프나 퍼팅 그린에서는 적용되지 않는다.

프리퍼드라이를 적용하는 방법은 먼저 볼이 놓여 있는 위치를 마크하고, 그 볼을 집어 올려서 닦고, 그 볼이나 다른 볼을 정해진 로컬룰에 따라 플레이스하면 된다. 다만, 주의할 것은 한 번 내려놓으면 다시 프리퍼드라이를 적용할 수는 없다는 것이고, 집어 올렸다가 좋은 자리에 내려놨다고 생각했는데 원래 자리와 마찬가지로 안 좋은 자리여도 다시 옮길 수는 없다. 다시 옮기면 1벌타다. 그리고 볼은 드롭하는 것이 아니라 지면에 놓는 것, 즉 플레이스(place) 해야 한다.

프리퍼드라이를 적용하는 구제구역의 크기는 원래의 볼이 놓여 있었던 지점으로부터 1) 한 클럽 길이, 2) 스코어 카드 길이, 3) 6인치 등으로 정해진다. 대회마다 경기위원회에서 정하는 구제구역 크기가 다를 수 있으니 주의해야 한다. 일본 골퍼 이마다 류지는 중국 미션힐스에서 열린 스타 트로피 대회에서 프리퍼드라이 구제범위를 PGA 표준인 한 클럽 길이 이내로 알고 플레이했지만 그 대회의 로컬룰은 구제구역 크기를 스코어 카드 길이 이내로 정해 놓아서 그는 1라운드를 끝낸 후 스코어 카드에 서명하기 전에 프리퍼드라이 구제를 잘못한 것을 위원회에 보고 했고, 잘못된 장소에서 플레이한 2벌타를 13회 적용한 26타 벌타를 받아 97타를 기록했다.

필자가 존경하는 김맹녕 칼럼니스트가 라운드 중 윈터룰을 적용해서 10인치 되는 곳에 볼을 놓았더니 캐나다 친구가 '당신 사이즈가 10인치나 되냐'고 농담해서 당황했는데, 프리퍼드라이 6인치가 서양 남성들의 성기가 발기했을 때의 평균 길이에서 유래했다는 설이 있다는 것을 알고 배를 잡고 웃었다고 한다.

하지만, USGA(미국골프협회)는 '볼은 있는 그대로 쳐야 한다(play it as it lies)'라는 원칙을 고수하며 단 한 번도 US오픈에 로컬룰 E-3를 적용하지 않았다. USGA는 "US오픈이 모두 완벽한 페어웨이에서 경기한 것은 아니다. 불공정한 것 같은 상황을 이겨내는 것이 US오픈의 매력이기도 하다"고 밝혔다. 2018 US여자오픈 때에도 비슷한 상황이었지만 E-3를 적용하지 않았고, 그 당시 박인비는 "US오픈 전에는 항상 진흙 묻은 볼을 치는 연습을 한다"라고 말했었다. 미국 PGA는 수십 년의 전통을 깨뜨리고 2016 PGA 챔피언십 마지막 라운드에서 너무 많이 내린 비 때문에 프리퍼드라이를 적용했는데, 이것은 역사상 처음으로 메이저 선수권에서 프리퍼드라이 로컬룰이 사용된 것이었다.

프리퍼드라이는 원하지 않은 상황에 부닥친 플레이어에게 다시 한번 기회를 주는 선한 룰이다. 영어단어 'chance'는 '가능성, 기회, 우연, 운' 등으로 번역되는 말이다. 최선을 다해 친 샷이 페어웨이에 있어야 선한 룰의 운이 따라주는 것이다. 결국 우연은 행동하는 자의 몫이고, 기회는 선택하는 자의 몫이다. 독일의 의사이자 코미디언인 에카르트 폰 히르슈하우젠이 쓴 『행복은 혼자 오지 않는다』라는 책에는 현대인이 된 모세가 로또에 당첨되게 해달라고 하나님께 1년 동안 기도하며 불평하는 내용이 있다. 결국 하나님은 모세에게 이렇게 말했다. "제발 부탁이니 어서 가서 그 빌어먹을 복권 좀 사거라."

프러퍼드라이, 우연과 선택의 갈림길

페어웨이 한 가운데에 놓였지만
나는 묻는다
이 자리가 최선인가?

진흙 속에서 희망을 찾는
단 한 번의 선택,
두 번의 기회는 없다.

"있는 그대로 쳐라."
그러나 나는 안다.
세상은 공평하지는 않다는 것을.

내 볼이 머물던 곳에
기회가 없다면
더 나아지기 위해서
움직여라.

우연이 준 벌은
내가 움직일 때
기회를 허락한다.

인문학적 성찰을 위한
Q & A

Q1. 프러퍼드라이는 단순한 룰인가, 철학인가?
  그것은 불완전한 현실 속에서도 공정함을 회복하려는 선택의 철학이다.

Q2. 우연과 기회는 누구에게 오는가?
  우연은 행동하는 자에게, 기회는 선택하는 자에게 온다. 준비 없는 자에게는 아무것도 오지 않는다.

Q3. '있는 그대로 쳐라'라는 원칙과 프러퍼드라이는 충돌하는가?
  프러퍼드라이는 '있는 그대로'가 불공정할 때, 공정함을 회복하기 위한 예외적 선택이다.

골프라는 스포츠의 철학과 방향성에 어려운 코스 Setup은 도움이 될까?

'킬러 문항'이란 대학수학능력시험 변별력을 위해 출제되는 초고난도 문제를 가리키는 말이지만 그 문항을 푸느냐 못 푸느냐에 의해 대학 간판에 영향을 받는 수험생은 1% 미만이다.

골프계에도 킬러 문항처럼 어려운 코스 셋업(Course Setup)으로 매번 논란이 있다. 메이저 또는 내셔널 타이틀에 어울리는 난도였다는 긍정 평가와 작위적으로 어렵게만 설정한 코스가 골프의 인기를 떨어뜨린다는 부정 평가도 있다. 구기종목 중에 플레이 장소의 난도를 높여 경기력에 영향을 미치는 것은 골프밖에 없다. 축구 골대를 좁히거나 농구 골대를 높이거나 테니스 코트 바닥을 미끄럽게 한다는 말은 들어본 적이 없다.

가장 어려운 코스 셋업으로 유명한 US오픈이 2025년 6월 13일~16일 미국 펜실베이니아 Oakmont Country Club(파70, 7372 야드)에서 열렸다. 오크몬트 컨트리클럽은 좁은 페어웨이와 빠른 그린, 전통적으로 매우 어려운 코스로 유명하고 언더파 기록이 거의 나오지 않는 코스다. 결국 우승자인 JJ 스푼의 스코어는 4라운드 66-72-69-72 합계 1언더파였는데 언더파를 친 유일한 선수였다. 세계랭킹 1위 스코티 셰플러도 4라운드 내내 언더파를 기록하지 못해 합계 4오버파 공동 7위였다. 본선 진출자 66명 중 66위 미국의 필립 바바리의 스코어는 합계 24오버파로 주말골퍼 수준이었고, 본선 진출자 66명의 평균 스코어는 10오버파였다.

왜 US오픈을 주관하는 미국골프협회는 어려운 코스 셋업을 고집하는 걸까? 첫째, 세계 최고의 선수들에게 한계에 이르는 가장 도전적인 골프 기술 테스트 기회를 제공하여 그 대회의 권위와 명성을 유지하기 위해서다. 그러한 도전은 골퍼뿐만 아니라 클럽과 볼을 포함한 골프 산업 발전의 동력이 될 수 있다. 둘째는, 전문 골퍼가 한 홀을 마치는 데 필요한 스트로크의 수를 의미하는 '파(Par)'의 전통을 지키기 위해서다. 기준타수를 의미하던 영국의 '보기(Bogey)'가 미국의 '파'에 밀려 1오버파로 변화된 역사를 지키려다 보니 각 홀의 목표가 '파 세이브(Par Save)'가 되도록 하는 것이다.

그렇다면 한국오픈의 코스 셋업을 어렵게 하는 것은 어떤 이유에서일까? 2002년 한양CC 에서 열린 한국오픈에서 약관의 골퍼 세르히오

가르시아(스페인, 1980년생)가 4라운드 합계 23언더파로 당시 KPGA 투어 72홀 최소타 기록을 세우며 우승하는 걸 본 코오롱 그룹의 고 이동찬 회장이 대회 장소를 우정힐스로 옮겨 한국골프의 자존심을 지킬 수 있는 코스 셋업을 주문했고, 실제로 그다음 해인 2003년 한국오픈에서 우승한 미국의 존 댈리의 우승 스코어는 6언더파였다.

그런데, 코스 셋업 이 외의 한국골프와 미국, 유럽 골프계의 차이를 너무 간과하고 있다. US오픈 우승 상금은 약 47억 원, 디오픈 우승 상금은 약 33억 원인데 한국오픈 우승 상금은 5억 원에 불과하다. 더 길게 기른 러프, 더 좁은 페어웨이, 더 빠르고 딱딱한 그린과 어려운 핀 위치로 셋업한 대회에서 우승하면 디 오픈이나 US오픈에서 우승할 수 있을까?

코스 셋업을 어렵고 까다롭게만 하는 것은 여자골프에 비해 관심을 못 받는 한국 남자프로골프에 전혀 도움이 되지 않는다. 출전선수 144명 중에 언더파를 기록한 선수가 단 1명인 대회에 어떤 재미가 있을까? 축구는 골이, 농구는 덩크 슛이, 야구는 홈런이 나와야 팬들이 열광하듯 골프는 버디가 나와야 침묵의 갤러리들이 환호할 수 있고, 그 환호가 인기로 연결되고, 그 인기가 더 많은 스폰서를 유혹해 더 많은 대회가 생길 수 있다. KLPGA투어 여자골퍼들이 세계 1위를 하는 것은 어려운 코스가 아니라 그들의 실력 때문이고, 그 경지에 오를 때까지 끊임없이 노력하게 한 것은 뜨거운 대중의 관심이었다.

골프 코스 셋업 논란은 단순한 경기 운영을 넘어 스포츠의 본질과 대중성과 직결된 문제다. 메이저 또는 내셔널 타이틀은 세계 최고 수준의 선수들이 경쟁하는 만큼, 코스도 그에 걸맞게 설계되어야 한다는 주장이다. 까다로운 셋업은 선수들의 전략, 기술, 멘털을 종합적으로 시험할 수 있어 진정한 챔피언을 가려내고, 극한 상황에서 펼쳐지는 플레이는 팬들에게 긴장감과 몰입감을 제공하며, 드라마틱한 순간을 만들어낸다는 긍정적인 평가가 있다.

반면에, 정도를 지나치면 미치지 못한 것과 같다는 "과유불급은 독이다"라는 부정적 평가도 있다. 지나치게 긴 러프, 좁은 페어웨이, 까다로운 핀 위치 등은 실력보다 운에 의존하게 만들 수 있다는 비판이 있고, 무리한 샷을 유도하거나 손목 부상 등 신체적 부담을 초래할 수 있어 안전 문제가 제기된다. 또한, 플레이 시간이 길어지고, 대기 시간이 늘어나며 관람의 피로도를 높이고, 일반 팬들이 이해하기 어려운 경기 운영은 골프의 접근성을 떨어뜨릴 수 있다는 우려가 있다.

이 논란은 단순히 "어렵다 vs 쉽다"의 문제가 아니라, 골프라는 스포츠의 철학과 방향성에 관한 질문이기도 하다. 킬러 문항으로만 가득 채운 시험은 난도만 높을 뿐, 공정성도 변별력도 없다. 어렵게 셋업된 코스가 아니라 선수들을 보며 대중들이 환호할 수 있는 대회가 필요하다. 그렇게 인기를 얻고 사람이 모이고 돈이 모여서, 우승 상금 47억 원인 대회가 있으면, 어느 프로 골퍼가 생계비를 벌기 위해 레슨하거나 택배 아르바이트로 시간을 낭비하겠는가? 코스 셋업이 어려워야 한다고 주장하는 사람은 그 코스에 대한 자부심 가득한 골프장 오너 1명이면 족하다. 한국오픈 우승자의 세계랭킹이 449위가 아니라 400위 안에 든 선수만으로 한국오픈을 치를 수 있을 때 킬러 코스 셋업을 해도 늦지 않다. 길은 사람이 많이 다녀야 생기고, 역사는 사람이 모여야 이루어진다.

코스의 철학

러프는 발목이 덮이게,
그린 위 홀은 가장 어려운 곳에,
그렇게 만든 코스에 사람이 없다면
그건 길이 아니라 벽이다.

좁은 페어웨이에 볼을 보내기 위한 도전이 시작되니
골프장은 스승이 되고, 시험장이 되었다.
버디는 사라지고, 침묵만이 남을 때
갤러리는 멀어지고, 갈채는 사라진다.

테스트의 엄정함은 명성을 지켜도
감동의 빈자리는 누가 채울 것인가?
메이저는 챔피언을, 대중은 드라마를 원하고
경기의 철학은 실력만이 아닌 관계도 담는다.
너무 어려운 셋업은 챔피언조차 외롭게 하고
손님 없는 축제는 언제나 허기진다.

길은 걷는 자가 만들고, 역사는 돌아보는 자가 세운다.
코스의 난도보다 사람의 환호가 먼저인
골프는 보는 자를 위한 배려 예술이어야 한다.

인문학적 성찰을 위한
Q & A

Q1. 어려운 코스 셋업은 골프 발전에 도움이 되는가?
선수의 기술을 시험하고 대회의 권위를 높일 수 있지만, 대중성과 접근성을 떨어뜨릴 위험도 있다.

Q2. 골프의 철학은 난이도에 있는가, 사람에 있는가?
골프는 사람을 중심으로 움직이는 스포츠다. 환호와 공감이 있어야 진정한 발전이 가능하다.

Q3. 한국 남자골프가 세계와 경쟁하려면 무엇이 필요한가?
킬러 셋업보다 대중의 관심, 스폰서의 지원, 그리고 실력을 갖춘 선수가 모일 수 있는 환경이 우선이다.

골프 라운드에서 만나는 위기는
걸림돌인가, 디딤돌인가?

골프 라운드에서 위기는 누구에게나 온다. 골프 코스는 플레이어가 코스의 물리적인 어려움뿐만 아니라 도중에 발생하는 정신적, 정서적 장애물을 헤쳐 나가는 삶의 축소판이다. 실패와 좌절도 있고, 성공과 환희도 있다. 그 결과가 어떻든 그 과정은 너무도 힘든 것이 사실이다.

'위기'는 개인, 집단 또는 사회 전체에 불안정하고 위험한 상황을 초래할 수 있는 사건이나 기간을 말한다. 위기는 인간 또는 환경의 부정적인 변화로, 특히 경고가 거의 또는 전혀 없이 갑작스럽게 발생한다. 위기는 비상시 테를 시험하는 시나.

위기(crisis)라는 영어단어는 그리스어 'krisis'에서 유래했는데, 이는 '결정' 또는 '전환점'을 의미한다. 고대 그리스어 '크리시스'는 상황의 중요한 지점, 특히 판단이나 결정적인 행동이 필요한 지점을 의미한다. 현대적 의미에서 '위기'는 종종 즉각적인 관심이나 개입이 필요한 중한 단계에 도달한 상황으로 '결정과 변화의 순간'을 말한다.

골프에서 위기는 다양한 형태로 나타날 수 있다. 연속적인 미스 샷, 퍼트 실패, 예상치 못한 날씨 변화 등 경기력의 급격한 하락일 수도 있다. 이러한 위기는 종종 경쟁의 압박, 개인적인 기대의 무게, 동반자를 의식한 욕심으로 인해 더 나빠지는데, 인생에서와 마찬가지로 이러한 순간은 좌절감, 자기 의심, 불안을 불러일으킨다.

주말 골퍼부터 프로 골퍼까지 모든 골퍼는 이 중요한 '위기'의 순간을 경험한다. 여기서 플레이어는 절망에 굴복할지 아니면 다시 집중하고 앞으로 나아갈 방법을 찾아야 할지 결정해야 한다.

미국 최고의 스포츠 심리학자이자 '골프 심리학'의 창시자라고 할 수 있는 『골프는 완벽한 게임이 아니다』(Golf Is Not a Game of Perfect)의 저자 로텔라 박사(Dr. Bob Rotellar)는 미국 버지니아 대학에서 스포츠 심리학을 20여 년간 강의하며 라이더컵 미국 대표팀 멘털코칭을 담당했다. 명예의 전당에 오른 팻 브래들리, 데이비스 러브 3세, 닉 프라이스를 비롯해 저스틴 토마스, 대런 클라크, 짐 퓨릭, 로리 매킬로이 등 오늘날의 많은 스타가 그의 고객이다. 그의 "많은 골퍼가 범하는 가장 큰 잘못은 코스에서 이미 일어난 일이 남은 경기에 임하는 자신의 자세에 영향을 주는 것이다."라는 말은 코스에서 반드시 만나야 하는 위기의 순간을 어떻게 대처해야 할지 한마디로 요약한 것이다. 문제는 스윙이 아니라 머리에 있다는 것을 지적하는 말이다. 골프는 실수의 게임이니 실수에 익숙해지는 법을 배우는 것이 위기 탈출의 지름길이다.

골퍼는 라운드 중 위기를 극복하기 위해 경기의 정신적, 육체적 측면 모두에 초점을 맞춘 다양한 전략을 구사한다. 이러한 위기의 순간을 관리하는 몇 가지 방법은 다음과 같다.

1. 긍정적인 자기 대화 : 부정적인 생각을 이기는 긍정적인 자기 대화는 자신감을 회복하는 데 도움이 된다.
2. 성공 상상하기 : 샷이나 퍼트를 실행하기 전에 성공하는 모습을 시각화하는 것이 집중력을 높여준다.
3. 프리샷 루틴(preshot routine) : 일관된 프리샷 루틴을 지키는 것이 위기 상황의 불안감을 집중력으로 전환하는 데 도움이 된다.
4. 호흡법 : 심호흡은 불안을 줄이고 신경을 진정시켜 골퍼가 평정심을 회복할 수 있도록 해준다.
5. 전략 조정 : 위기에 직면했을 때 욕심을 버리고 더 안전한 샷이나 보수적인 전략을 선택하여 위험을 최소화해야 그 결과 이후 다시 자신감을 회복할 수 있다.
6. 실수 수용 : 실수도 게임의 일부라는 점을 인식하면 오류에 연연하기보다는 다음 샷에 집중할 수 있고, 더 나은 결정을 내릴 수 있다.
7. 경험을 통해 배우기 : 과거에 직면했던 경험은 유사한 상황을 통해

빠른 해결책을 찾는 데 도움이 된다.
8. 건강 유지 : 신체적 건강은 체력과 집중력을 높여 어려운 상황에서도 경기력을 유지할 수 있도록 도와준다.
9. 캐디 또는 동료의 지원 : 캐디나 동반자는 전술적인 조언뿐만 아니라 감정적인 지원도 제공한다.

골프 라운드에서 마주하는 위기는 배움과 자기 발견의 기회이다. 각각의 위기는 개선이 필요한 영역을 알 수 있게 하기에 플레이어는 자신의 스윙을 분석하고 전략을 개선하거나 경기 방식을 재평가할 수 있고, 이러한 '결정과 변화의 순간'은 새로운 돌파구로 이어질 수 있다.

19세기 영국의 역사가인 토머스 칼라일(Thomas Carlyle)은 "길을 가다가 돌이 나타나면, 약자는 그것을 걸림돌이라 하고 강자는 그것을 디딤돌이라 말한다'라고 했다. 길 위의 돌은 그냥 돌일 뿐인데 걸림돌일지 디딤돌일지는 바로 당신이 내딛는 그 발걸음에 달려 있음을 잊지 말자.

위기의 티 박스

바람은 예고 없이 불고
벙커는 피할 수 없으며
그린은 늘 생각보다 멀다.

위기는 스코어를 흔들지만
마음을 단련시키고
다음 샷을 더 깊게 만든다.

걸림돌이냐, 디딤돌이냐
그건 볼이 아니라
당신의 시선이 결정한다.

인문학적 성찰을 위한
Q & A

Q1. 골프 라운드에서 위기는 왜 중요한가?

위기는 단순한 실수의 순간이 아니라, 판단과 변화의 기회로 작용하며 자기 성찰을 끌어낸다.

Q2. 위기를 디딤돌로 바꾸는 방법은 무엇인가?

긍정적 자기 대화, 루틴 유지, 전략 조정, 실수 수용 등 정신적·전략적 대응이 핵심이다.

Q3. 위기는 걸림돌인가, 디딤돌인가?

위기의 본질은 고정되어 있지 않다—그것을 어떻게 받아들이고 반응하느냐가 당신의 다음 샷을 결정한다.

골프룰, 아는 것이 힘일까, 모르는 게 약일까?

골프는 수백 년의 전통을 지닌 스포츠로, 자연과 인간의 창의력이 어우러져 독특한 골프장 문화를 이뤄왔다. 그중에서도 '듀얼 그린(Dual Green)'과 '더블 그린(Double Green)'은 골프장 설계의 역사적 흐름과 지리적 환경에 따른 전략적 선택을 잘 보여주는 개념이다.

Double Green은 한 개의 커다란 그린을 두 개의 홀에서 공유하는 형태로, 주로 스코틀랜드의 세인트앤드루스 올드 코스에서 그 기원을 찾을 수 있다. 이 코스는 총 18홀 중 7쌍(14홀)이 서로 마주 보는 구조로 되어 있어, 두 개의 홀이 하나의 그린을 사용하는 독특한 설계를 보여준다. 이는 초기 골프장에서 공간 효율성을 고려해 자연스럽게 발생한 것이며, 플레이어 간의 거리감과 전략을 조율하는 특별한 경험을 선사한다. 이러한 설계는 협업과 배려, 그리고 플레이의 속도를 자연스럽게 강조하며 오랜 세월 골프 문화의 일부로 자리 잡았다.

반면에, Dual Green은 일본과 한국 등 동아시아에서 널리 쓰이는 설계로, 홀마다 두 개의 별도 그린이 마련되어 계절에 따라 번갈아 사용된다. 이러한 방식은 고온다습한 여름과 한랭한 겨울을 모두 겪는 지역에서 그린을 보호하고, 연중 내내 플레이가 가능하게 하려는 실용적인 목적에서 등장했다. 보통 A 그린과 B 그린이라고 부르며, 플레이 당일의 상태나 관리 상황에 따라 운영자가 그날의 그린을 지정한다. 특히 한국에서는 1970~80년대 골프 붐과 함께 많은 골프장이 이러한 Dual Green 구조로 지어졌고, 이는 아시아 골프 문화의 독특한 특징으로 자리 잡았다. 물론 9홀 골프장은 각각 전 후반을 달리 플레이하기 위해 그린이 두 개지만, 18홀 정규코스 골프장도 그린이 두 개인 경우를 종종 본다. 일반 골퍼들이 이런 두 개의 그린을 'Two-Green'이라고 하는데, 이것은 올바른 용어가 아니다.

Double Green이 역사적 전통과 공간 활용의 미학이라면, Dual Green은 기후와 유지 관리의 과학이 녹아 있는 실용적 지혜다. 전자는 플레이어 간의 소통과 배려를, 후자는 자연환경과의 조화를 중시한다. 이 두 구조는 골프장 설계가 단순한 경기 공간을 넘어, 문화적 배경과 철학을 담아내는 예술임을 말해준다.

2022년 5월 8일 제41회 GS칼텍스 매경오픈이 열린 남서울CC는 한 홀에 두 개의 그린이 있는 Dual green 코스였다. 마지막 라운드 9번 홀에서 선두 경쟁을 하던 조민규 선수는 골프룰을 모르는 것이 독이 되었다. 7번 홀까지 버디만 3개를 잡으며 김비오 선수와 공동 선두를 달렸지만, 파5 9번 홀에서 규칙을 위반했다는 이유로 파3 11번 홀 티 샷을 한 뒤 경기위원으로부터 2벌 타를 받았다. 4라운드 9번 홀은 왼쪽 그린을 사용하고 있었는데, 볼이 오른쪽 그린 에이프런에 떨어지자 조민규는 구제받은 후 오른쪽 그린을 밟고 스탠스를 취한 뒤 세 번째 샷을 했다. 일본투어에서도 활동하고 있던 조민규는 일본투어에서는 로컬룰로 그 홀에서 사용하고 있지 않은 그린(잘못된 그린)을 밟을 수 있어서 규칙을 착각하고 플레이를 한 것이었다.

하지만, 한국에서 열린 이 대회에는 그런 로컬룰이 없었기 때문에 골프 규칙 13.1f에 의해서 플레이어의 의도된 스탠스 구역도 완전한 구제를 받아야 했다. 따라서 규칙 위반으로 2벌타를 받았고, 9번 홀 스코어가 파에서 더블보기로 바뀌면서 선두와 4타 차로 벌어졌다. 결국 최종적으로 김비오 선수가 9언더파로 우승을, 조민규 선수는 7언더파로 준우승했는데, 우승 상금이 3억 원, 2위 상금이 1억 2천만 원이라는 것을 감안하면 규칙 13.1f 위반이 1억 8천만 원의 가치가 있는 정보였다는 것이다.

우리가 일반적으로 생각하는 두 개의 그린은 Dual Green, 즉, 둘 중의 하나를 사용하는 얼터넛 그린(Alternate Greens)이다. 같은 홀에 두 개의 다른 퍼팅 그린이 있는 경우, 사용하지 않는 깃대가 없는 그린, 즉 잘못된 그린은 퍼팅 그린이 아니라 일반구역이다. 골프에서 잘못된 그린(Wrong Green)은 플레이 중인 홀이 아닌 다른 홀의 그린, 임시 그린(Temporary Green)을 사용할 때는 그 홀의 원래의 그린, 그리고 퍼팅, 치핑, 피칭을 위한 연습 그린을 말한다. 잘못된 그린에 볼이 올라가면 구제받아야 하는데, 이전에는 스탠스가 잘못된 그린에 걸려도 그대로 쳐야 했지만 2019 개정규칙에서는 그린에 볼이 올라가지 않았더라도 **잘못된 그린을 밟고 샷을 하면 스트로크플레이는 2벌타, 매치 플레이는 홀의 패를 받게 된다.** 따라서 잘못된 그린에 볼이 올라가거나 잘못된 그린이 스탠스나 스윙 구역에 방해가 되면 반드시 벌타 없이 완전한 구제를 받아야 한다. (13.1f) 구제받는 방법은 먼저 잘못된 그린을 피해 스탠스를 잡아 가장 가까운 구제 지점을 찾고, 그곳을 기준점으로 설정한 후, 기준점으로부터 홀에 가깝지 않은 한 클럽 이내 범위에서 볼을 드롭한 후 플레이하면 된다. 로컬룰 모델 D-3에 의해 위원회는 의도된 스탠스 구역에 방해가 되는 것만으로는 잘못된 그린으로부터 구제받을 수 없는 로컬룰을 채택할 수 있다.

인터넷상의 유행어 중에 '아.만.보'라는 말이 있다. '아는 만큼 보인다'의 줄임말로서 미술사학자 유홍준 교수의 '나의 문화유산 답사기'에 처음 등장했던 말이다. 또한 영국의 16세기 철학자 프랜시스 베이컨(Francis Bacon)의 '아는 것이 힘이다'(scientia est potentia)라는 말도 있다. 영국 고전 경험론의 창시자로서, 연역적 형식논리학을 배척하고, 지식 확립의 방법으로서 귀납법을 들었는데, 이러한 사고는 인간의 자연에 대한 태도의 근본적 전환을 이뤄 자연을 지배하는 힘을 획득한다고 생각했다.

아는 것과 반대되는 것처럼 많은 사람이 잘못 이해하고 왜곡된 의미로 쓰이는 '모르는 게 약이다'라는 말이 있다. 이 말은 18세기 중엽 영국의 시인 토마스 그레이(Thomas Gray)가 '멀리 이튼 학교를 바라보는 노래(Ode on a Distant Prospect of Eton College)'에서 한 말로서, '모르는 게 약이다'(Ignorance is bliss)라고 한 것은 무식함을 옹호한 것이 아니라 자신의 운명에 대해서는 모르는 게 낫 다라고 말한 것이다.

규칙은 반드시 알아야 하며, 모르면 그것은 약 중에서도 독약이다.

그린 위의 철학자들

모든 게 평온해 보이는 코스 위로
규칙은
바람처럼 숨어 있다가
순간을 뒤흔든다.

지식이 투온 거리보다 먼 날
아는 것은 힘이라 했던 베이컨,
실수를 다독이는 지혜의 말들.

무지의 한 걸음은
예술을 일탈로 만들고,
규칙은 시처럼 정밀하고
소리 없는 문장처럼 날카롭다.

규칙은 불평등한 바람이 아니라
공정함을 위한 침묵의 심판.
아는 만큼 보이는 골프,
보이는 만큼 아름다운 골프.

인문학적 성찰을 위한

Q1. 골프에서 '아는 것이 힘'이라는 말은 실제로 적용되는가?
규칙을 아는 것이 곧 전략이고, 실수 없는 플레이를 위한 가장 강력한 무기다.

Q2. '모르는 게 약이다'라는 말이 골프에선 성립하는가?
골프에서 무지(無知)는 벌타로 이어지고, 때로는 수억 원의 손실을 초래하는 독이 된다.

Q3. 골프장 설계의 이중 그린 구조는 단순한 편의인가?
그것은 지역적 환경과 문화적 배경이 녹아든 전략적 선택이며, 룰과의 정교한 상호작용을 요구한다.

Tiger Woods의 존재 가치를
무엇으로 증명할까?

21세기를 대표하는 골퍼는 '골프 황제 타이거 우즈'(Eldrick Tont Tiger Woods)다.

타이거 우즈는 2021년 2월 23일 도로 아래로 구르는 교통사고로 인해 오른쪽 정강이와 발목에 복합골절상을 당했고, 2021년 11월 골프 다이제스트와의 인터뷰에서는 "연간 몇 차례의 경기는 하겠지만 프로 골퍼로서의 경력은 끝났다"라고 했다. 그는 2021년 12월 첫 주에 열린 히어로 월드 챌린지에서 사고 이후 처음으로 공식 석상에 모습을 드러냈고, 대회를 앞두고 45분 동안 기자들과 이야기를 나누면서 "한동안 다시 걸을 수 있을지 몰랐고, 부상으로 인해 의사가 다리를 절단해야 할 가능성도 있다고 했었다"라고 밝혔다. 하지만 그는 2021년 12월 19일 PNC 챔피언십에 출전했다. 대부분의 골프 팬들은 그가 그렇게 빨리 코스에서 라운드하는 것을 볼 수 있을 것으로 생각하지 못했다.

PNC 챔피언십은 PGA 투어 공식 대회가 아니지만, PGA와 LPGA 상위 랭커들이 자기 가족과 팀을 이뤄 출전하는 이벤트 대회다. PGA 투어 5대 메이저 대회 우승자에게 출전 자격이 주어지는 PNC 챔피언십에는 타이거 우즈 외에 게리 플레이어(1935), 리 트레비노(1939), 닉 팔도, 비제이 싱, 짐 퓨릭, 데이비드 듀발, 버바 왓슨, 저스틴 토머스 등이 아버지나 아들과 함께 출전했다. LPGA 세계 랭킹 1위인 넬리 코다도 여성 골퍼로는 유일하게 아버지와 함께 나왔다.

타이거 우즈는 PNC 챔피언십에서 카트를 타야 했고, 스윙한 후 얼굴을 찡그렸고, 심지어 티를 잡기 위해 몸을 구부리는 것도 힘들어했다. 자신과 짝을 이룬 투어 베테랑 맷 쿠처가 우즈는 투어에 나갈 준비가 됐다고 말하자 "전적으로 동의할 수 없고, 나는 그 수준이 아니다. 지금은 투어 프로들과 경쟁할 수 없다"라고 했다.

병원에서 3주, 침대에서 3개월을 보내고, 사고 이후 5번째 골프 라운드인 PNC 챔피언십에서 우즈는 그의 12살 된 아들 찰리와 25언더파로 2라운드 스크램블을 마쳐서 존 댈리와 아칸소 대학 선수인 존 댈리 2세에 2타 뒤진 2위를 했지만 타이거 팀은 보기 없는 11연속 버디로 대회 기록을 세웠다. 18번 홀에서 타이거 우즈는 카트로 향하지 않고, 마지막 237야드를 자기 아들 옆에서 걸었는데, 그것은 또 다른 작은 승리였다.

1975년 12월 30일생인 타이거 우즈는 2025년 50세가 되었다. 그는 1996년 프로가 된 후 공식시합에서 109승을 거뒀다. 그중에는 메이저 시합 15승을 포함한 PGA 82승이 있는데, 82승 기록은 샘 스니드(1912-2002, 미국)와 공동 1위다. 그런데 다른 PGA 현역 선수들의 기록을 살펴보면 왜 모든 골프 팬들이 타이거 우즈의 복귀와 83승 이상의 기록경신을 원하는지 알 수 있다. 필 미컬슨(1970~, 미국)이 2021년 PGA챔피언십을 우승하며 만 50세 11개월의 나이로 PGA 투어 메이저 최고령 우승 기록을 갈아치웠는데, 그의 통산 45승은 공동 8위의 기록이고, 2025년 마스터스 우승으로 커리어 그랜드 슬램을 달성한 여섯 번째 선수가 되었고, 현재 PGA 투어에서 메이저 대회 5승 포함 통산 29승을 기록한 로리 매킬로이(1989~, 북아일랜드)는 공동 20위다.

현실적으로 말해서 1936년~1965년까지 30년 동안 PGA 통산 82승을 거둔 샘 스니드의 기록을 바꿀 가능성이 있는 선수는 오직 타이거 우즈 한 명뿐이고, 그가 아니라면 83승 이상의 역사적인 대기록은 달성될 수 없으므로 그의 복귀와 부활을 기대하는 것이다.

만일 타이거 우즈가 라운드 도중 다리에 통증을 느껴서 치료해야 한다면 어떤 규칙이 적용될까? 골프 규칙 5.6(부당한 지연; 신속한 플레이 속도)은 '플레이어는 홀을 플레이하는 동안이나 홀과 홀 사이에서 플레이를 부당하게 지연시켜서는 안 된다'라고 규정하고 있지만, 플레이어가 다치었거나 몸이 아픈 경우 부당하게 플레이가 지연될 정도로 플레이어가 플레이를 계속할 수 없게 되기 전에 위원회는 일반적으로 15분의 회복 시간을 허용한다. 위원회는 라운드 동안 플레이어가 부상완화를 위한 처치를 반복적으로 할 때 사용하는 시간까지 포함한 총시간을 15분으로 제한하여 적용한다.

PNC 챔피언십 18홀 라운드가 끝난 후 타이거 우즈는 모자를 벗고 찰리를 큰 포옹으로 감싸며 아들의 머리에 키스했다. 그는 현장에 있던 기자들에게 찰리와 보낸 시간이 최고의 시간이었고 모든 고통을 감수할 가치가 있었다고 말했다. 무모한 출전이었든 아니었든 간에, 모든 것은 타이거 우즈가 가장 위대한 골퍼라는 놀라운 사실을 상기시켜 주었다. 그리고 그가 이 모든 불가능을 극복하고 새로운 골프 역사를 써 내려갈 것이라는 기대를 하게 했다. 누군가에게 희망을 품게 한다면 그것만으로도 그의 존재 가치는 증명된 것이 아닐까?

모자 속의 황제

그는 걸었다,
찢어진 정강이와 버디의 기억 사이를.

모든 기록은 숫자였지만
그의 존재는 기록 너머를 걸었다.

82승이 아니라 1초의 감동
15승이 아니라 한 번의 원하는 샷을 위해.

모자 속에 가려진 황제의 눈빛은
승리보다 깊고 통증보다 단단했다.
존재의 가치는 결국 누군가에게
가능성을 남기는 일,
그 희망 위를 그는 걸었다.

인문학적 성찰을 위한 Q&A

Q1. 타이거 우즈의 존재 가치는 무엇으로 증명되는가?

숫자나 기록이 아니라, 고통을 견디고 다시 일어서는 모습과 누군가에게 희망을 주는 힘이다.

Q2. 그의 복귀는 단순한 경기 출전인가?

그것은 인간의 회복력과 사랑, 그리고 스포츠의 본질을 되새기게 하는 상징적 행위다.

Q3. 타이거 우즈는 왜 여전히 위대한가?

그는 골프를 넘어서, 삶의 고비를 통과한 사람들에게 '다시 시작할 수 있다'라는 메시지를 전하기 때문이다.

이름이 존재의 본질을 드러내는 언어적 도구라면 G.C와 C.C는?

이분법(二分法)은 어떠한 대상이나 가치를 둘로 나누는 방법이어서, 이분법적 사고는 모든 사물이나 상황을 흑이 아니면 백으로 생각하는 흑백논리를 말하는 것이다. 그런데, 골프 라운드에서도 이 이분법이 적용되는 경우가 많다. 고위험 고수익(high risk high return)의 공격적인 플레이 vs. 위험 요소를 피해 가는 안정적인 플레이, 프로골프시합 정도의 규칙준수 vs. 친선경기 정도의 관대함 등 이분법적 구분이 항상 존재한다. 물론 0과 1로 이루어진 이진수만으로 골프 스코어를 기록하는 것은 주말골퍼들의 희망이다.

골프가 시작된 영국이나 세계에서 가장 많은 골프장이 있는 미국에서 G.C와 C.C를 구분하는 것은 쉽다. 하지만 일본의 영향을 받은 우리나라에서는 G.C와 C.C는 거의 같게 쓰이고 있어서 개념의 혼란을 야기하고 있다. 삼성그룹 창업주인 고 이병철 회장이 만든 한국 최고의 명문 골프장 '안양 컨트리클럽'은 18홀 파72로 1968년 개장한 골프 코스일 뿐이지만 G.C가 아니라 C.C라는 명칭을 쓰고 있다. 하지만 세계 최고의 골프 코스라고 불리며 마스터스 토너먼트를 개최하는 미국 조지아주의 오거스타 내셔널 골프클럽(Augusta National Golf Club)은 컨트리클럽이라고 하지 않는다.

클럽(Club)은 '공통의 목적이나 취미를 가진 사람들을 회원으로 하여 조직된 단체, 또는 그 단체가 사용하는 장소나 건축물'을 의미하는 말로, 그리스·로마 시대부터 종교 조직의 일부로서 존재하였는데, 함께 식사하면서 정치·상업 그 밖의 일에 관해 이야기를 나누는 장소라는 뜻이었다. 점차 목적이 다양해져 서로 친목을 도모하고 돕는 조직이 되었다. 개인단위 클럽이 중심을 이루게 된 것은 17세기 후반~18세기인데, 문학·예술 및 각종 취미동호회가 생겨나, 직업생활과는 별도의 여가를 즐기는 것이 많아졌다. 그리고 요트·보트·크로켓 등의 각종 스포츠 클럽도 이 시대에 형성되었다. 영국에서 이러한 클럽의 발달은 유럽 각국 및 미국에도 파급되었고, 미국에서는 교외에서 스포츠를 즐기기 위한 컨트리클럽이 발달하였다.

영국에서 시작된 최초의 골프클럽은 1735년에 설립된 'Royal Burgess Golfing Society of Edinburgh'인데, 가장 유명한 회원으로는 잭 니클라우스가 있다. 최초의 골프 규칙 13개 조항을 제정한 1744년 설립된 리스 골프장의 'Gentlemen Golfers'는 나중에 'The

Honorable Company of Edinburgh Golfers'로 이름이 변경되었다. 10년 후인 1754년 'The Royal & Ancient Golf Club Of St. Andrews'가 설립되어 19세기 후반부터 전 세계 골프의 지배적인 조직으로 알려지게 되었다.

골퍼들이 골프만을 즐길 수 있는 장소인 G.C는 일반적으로 골프장, 골프 연습 시설, 식당이나 골프용품점 등이 있는 클럽 하우스와 같이 골프와 관련된 편의 시설만 가지고 있다. 컨트리클럽의 회원들은 골프가 포함되지 않은 다른 많은 이벤트를 즐기지만, G.C는 골프를 하는 데 더 집중하는 회원을 기반으로 한다.

컨트리클럽은 일반적으로 다양한 레크리에이션 스포츠와 식사 및 오락 시설을 제공하는 회원제 클럽이다. 컨트리클럽은 1880년대 초 미국에서 처음 등장했고, 1882년 매사추세츠주의 브루클린(Brookline) 클럽이 가장 오래된 컨트리클럽이다. 초창기의 야외 활동은 여우 사냥, 스키트 사격, 테니스, 승마, 폴로, 골프 등이었고, 실내에서는 카드 게임, 당구나 볼링을 했다. 현재 미국과 캐나다의 컨트리클럽에서 가장 많이 즐기는 스포츠는 골프, 승마, 테니스 및 수영이다. 일반적으로 컨트리클럽이 교외에 위치하는 이유는 이런 야외 활동을 위한 시설을 제공하려면 대단히 넓은 공간이 요구되기 때문이다. 최근에는 컨트리클럽의 피트니스 시설에 관한 관심이 지속해서 증가하고 있다.

회원 간의 관계와 공동체 의식은 컨트리클럽과 골프클럽 모두의 핵심이다. 누구나 클럽에 가입하는 것이 그들이 자신의 사회생활을 확장하고 새로운 관계를 맺을 기회를 제공한다는 것을 알게 된다. 컨트리클럽에서는 많은 행사가 열린다. 골프 경기, 골프 레슨, 테니스, 수영, 사교 행사에 이르기까지 다양하다. 연령별, 세대별, 남녀 구별 없이 전체에게 맞는 활동이 있다. 하지만, 골프클럽에서는 주로 골프와 관련된 활동으로 제한된다.

컨트리클럽(C.C)은 사교와 인적 네트워킹을 위한 허브가 되도록 설계된 장소고, 골프클럽(G.C)은 골프 경험을 극대화하는 데 중점을 둔 장소다. 따라서 거의 모든 우리나라 골프장은 골프 코스를 갖춘 G.C라고 하는 것이 옳다.

이름이 그 내용이나 본질과 일치할 때, 그것은 단순한 호칭을 넘어 정체성과 의미를 강화하는 역할을 한다. 미국의 철학자이자 논리학자인 솔 에런 크립키(Saul Aaron Kripke, 1940년 11월 13일~2022년 9월 15일)는 『이름과 필연(Naming and Necessity)』에서 이름은 단순한 기술구(description)가 아니라, 특정 대상을 직접 지시하는 고정 지시어(rigid designator)라고 했다. '이름은 모든 가능 세계에서 같은 대상을 지시해야 하며, 그 대상의 본질과 연결되어야 한다'(A name refers rigidly to the same object in all possible worlds in which that object exists.)라는 '고정 지시어' 이론을 주장했다. 이 말은 이름이 그 대상의 본질을 고정적으로 지시해야 하며, 이름이 그 내용과 일치할 때, 그것은 단순한 호칭을 넘어 존재의 본질을 드러내는 언어적 도구가 된다는 것이다.

동양의 명리학적 관점에서는 이름이 사람의 운명과 성격에 영향을 준다고 본다. 특히 음양오행과 수리학을 기반으로 이름의 글자 수, 발음, 의미가 개인의 삶에 영향을 미친다고 해석한다. 이름은 자아 인식과 사회적 상호작용에 영향을 미치고, 이름의 의미와 발음이 개인의 성향과 운명을 형성할 수 있다.

이처럼 이름이 그 내용과 일치할 때, 그것은 단순한 호칭을 넘어서 철학적, 심리적, 사회적 의미를 지니게 된다. 따라서 골프 코스만을 갖춘 곳은 G.C라고 하는 것이 옳다.

이름의 무게

이름은 단지 소리의 조합이 아니라
그곳의 본질을 말해주는 언어.
G.C는 골프의 심장,
C.C는 사교의 정원.

솔 크립키는 말했다,
이름은 모든 가능 세계에서
그 대상을 지시해야 한다고.
그렇다면 이곳의 이름은
골프를 말하고 있는가,
사람을 말하고 있는가?

컨트리클럽의 잔디는
발자국보다 대화로 더 많이 닳고
골프클럽의 페어웨이는
침묵 속에서 더 깊이 울린다.
이름은 정체성이고
이름은 그 공간의 철학이고
존재의 선언이다.

인문학적 성찰을 위한

Q & A

Q1. G.C와 C.C의 본질적 차이는 무엇인가?
G.C는 골프 중심의 스포츠 공간이고, C.C는 다양한 레저와 사교 활동이 가능한 복합 커뮤니티 공간이다.

Q2. 이름이 존재의 본질을 드러낸다는 말은 무슨 의미인가?
이름은 단순한 호칭이 아니라, 그 대상의 정체성과 철학을 고정적으로 지시하는 언어적 도구다.

Q3. 한국 골프장의 명칭 혼용은 왜 문제가 되는가?
이름이 본질과 일치하지 않으면 정체성과 기능에 혼란을 주며, 공간의 의미와 목적을 흐리게 만든다.

겨울 골프 요령에서
가장 중요한 것이 안전일까?

미국골프협회(USGA) 홈페이지에도 겨울 골프에 관한 주의사항이 있는 것을 보면 우리나라 골퍼만 겨울에도 골프를 즐기는 것은 아닌 것 같다. 미국의 추운 지역뿐만 아니라 겨울이 골프 성수기인 따뜻한 지역에서도 겨울철 손상을 피하려고 여전히 특별한 주의가 필요하다고 하며, '따뜻한 날 하루가 봄을 의미하는 것은 아니다'(One warm day doesn't mean that it's spring)라는 말로 잠깐 추위가 끊겼다고 해서 모든 것이 정상으로 돌아온 것은 아니라는 점을 강조하고 있다.

기온이 떨어지고 낮의 길이가 짧아지는 겨울은 어떤 사람들에게는 봄이 올 때까지 클럽을 가방 속에 보관하는 것을 의미할 수도 있지만, 다른 사람들에게는 완전히 새로운 시즌, 즉 겨울 골프의 시작을 의미한다. 이렇게 겨울 골프를 즐기려면 플레이를 위한 몇 가지 요령을 알아야 한다.

먼저, 여러 겹의 옷을 겹쳐 입어 체온을 유지한다. 조끼는 스윙을 방해하지 않으면서도 몸을 따뜻하게 유지해 주기 때문에 가장 좋은 아이템 중 하나다. 모자가 달린 후드티도 좋다. 플레이하는 시간의 약 90%를 걷는 것이 매우 중요하다. 걷기는 샷 사이에 체온을 유지할 수 있을 뿐 아니라 근육의 운동범위를 넓히는 데도 도움이 된다.

다음으로는 골프에서 모든 샷이 손에서 시작되므로 손을 따뜻하게 유지해야 한다. 장갑을 챙겨서 샷 사이에 착용하거나 손난로를 주머니에 넣어둔다. 팔과 다리에 혈액이 잘 흐르도록 하는 것을 잊어서는 안 된다. 머리의 보온을 위해 모자를 챙기는 것도 필요하다. 니트 모자를 가방에 넣어두었다가 기온이 내려가면 꺼낸다. 겨울철에는 패션보다 기능을 중시해야 한다.

겨울에는 공이 멀리 날아가지 않으니 자존심을 버리고 한 클럽 더 길게 잡는다. 골프에 가장 이상적인 온도는 섭씨 21도~32도 사이다. 기온이 낮은 상태의 바람은 공기 입자가 무거우므로 저항이 많아 훨씬 적게 나간다. USGA 기술 담당 프랭크 톰슨에 의하면 화씨 10도(섭씨 5.6도)당 약 2야드(1.8m)의 차이가 생긴다고 한다. 30°C 전후의 여름 날씨와 2°C 전후의 겨울 날씨는 약 9m의 거리 차이가 난다. 한여름에 치던 샷을 똑같이 치려고 하면 긴 하루가 될 수 있다. 겨울 골프는 다른 게임이라고 생각해야 한다.

겨울 골프는 샷 메이킹 능력을 연마할 좋은 기회다. 조건이 까다로워서 골프연습장에서 연습한 샷으로는 효과가 없을 가능성이 크다. 클럽의 그립감과 전반적인 컨트롤에 영향을 미쳐 기존보다 더 많은 훅이나 슬라이스가 발생할 수 있다. 추운 지역에서는 지면이 얼어 페어웨이와 그린에서 볼 스핀량이 줄어들고 바운스가 증가하여 샷 정확도에 영향을 미칠 수 있다. 따라서 날씨에 영향을 받은 코스 상태에 맞는 창의적인 샷을 구사해야 한다.

눈이 쌓여 있으면 공을 찾기 어려우므로 흰색보다는 더 쉽게 발견할 수 있는 색깔 볼을 사용하는 것이 좋다. 가시성이 가장 높은 색은 네온 옐로우(형광 노랑), 그다음은 주황색이다. 겨울 골프는 골프클럽과 기타 장비에 무리가 갈 수 있다. 춥고 습한 환경에서 녹슬거나 언 땅에 부딪혀 파손될 수도 있다. 따라서 라운드 중, 그리고 라운드 후에 클럽과 장비를 잘 손질해서 보관해야 한다.

겨울철 라운드는 개인 최고 기록을 세우기 위한 것이 아니라 연습량을 늘리고 스윙 감각을 점검하기 위한 것이다. 겨울 골프는 독특한 도전이기 때문에 가장 중요한 것이 안전이라는 것을 명심해야 한다. 에베레스트 등정 후, 하산 도중 사망하는 것 보다는 등정 실패 후, 안전 귀가하는 것이 더 낫다. 살아남아야 내년 봄 초록의 산디를 다시 밟을 수 있다.

겨울의 페어웨이

하얀 숨결이 그린 위를 흐르고
스윙보다 먼저 체온을 챙기는
겨울 골프는 살아남는 자의 게임.
볼은 짧게 날고
마음은 길게 남는다.
기록보다 생존이 더 중요한 계절
봄의 티박스에 오르기 위해
겨울의 벙커는
조심스럽게 밟고 지나간다.

인문학적 성찰을 위한 Q&A

Q1. 겨울 골프에서 가장 중요한 것은 무엇인가?

    기록이나 경쟁보다 중요한 것은 안전이며, 생존이 곧 다음 시즌의 시작이다.

Q2. 겨울 골프는 어떤 도전인가?

    기온, 장비, 코스 상태 등 모든 요소가 불리한 가운데 창의성과 인내를 시험하는 특별한 훈련의 장이다.

Q3. 왜 안전이 최우선인가?

    겨울 골프는 에베레스트 등정처럼, 성공보다 안전한 귀환이 더 값진 성과이기 때문이다.

골프 코스에서 예측할 수 없는 재앙이 있을까?

2022년 1월 11일 현대산업개발이 신축 중이던 광주 아이파크 주상복합아파트 201동 23층~38층의 내부 구조물과 외벽 일부가 한꺼번에 붕괴해 6명이 사망했다. 이런 산업재해와 관련된 흥미로운 법칙이 하나 있는데, 그것은 하인리히의 삼각형 또는 버드의 삼각형이라고도 알려진 '사고 삼각형'(Accident Triangle)이라는 산업재해 예방이론이다. 이 이론은 1931년 하인리히(Herbert William Heinrich)에 의해 처음 제안되었으며 이후 버드(Frank E. Bird)에 의해 확장되었다.

미국 한 여행 보험 회사의 관리자였던 하인리히는 7만 5천 건의 산업재해 분석 결과를 토대로 1931년 『산업재해 예방』(Industrial Accident Prevention)이라는 책을 발간하면서, 중대한 산업재해가 발생했다면 그전에 29번의 작은 재해가 발생했고, 그와 같은 원인으로 다칠 뻔한 사건이 그 이전에 300번 있었을 것이라고 했다. 이를 확률로 환산하면, '대형 참사 : 가벼운 부상 : 무상해 사고'는 '1 : 29 : 300'이라는 법칙이 성립된다.

대부분의 사고원인을 인간의 행동으로 보는 하인리히의 이론은 잘못되었으며 실제로 대부분 사고를 일으킨 것은 열악한 관리시스템이라고 비판하지만 사고는 우연히 또는 어느 순간 갑작스럽게 발생하는 것이 아니라 그 이전에 반드시 가벼운 사고들이 반복되는 과정에서 발생한다는 것을 실증적으로 밝힌 것으로, 큰 사고가 일어나기 전 일정 기간 여러 번의 경고성 징후와 전조들이 있다는 사실을 입증하였다. 다시 말하면 큰 재해는 항상 사소한 것들을 방치할 때 발생한다는 것으로 산업현장에서의 재해뿐만 아니라 사회적·경제적·개인적 위기나 실패와 관련된 법칙으로 확장되어 해석될 수도 있다.

이 법칙을 골프에 적용해 보면 어떨까? 첫째로, 대형 참사는 두 타 이상 손해를 보게 하는 사고일 것이다. 한 홀에서 2오버파, 즉 더블보기 이상을 기록하는 상황으로는 먼저, 티잉 구역에서 한 티샷이 OB 구역으로 가면 더블보기 이상이다. 직전 샷 한 지점에서 1벌타를 받은 후 다시 샷을 해야 하니(규칙 18.2) 거리손해는 물론이고 이미 내상이 심해서 멘털도 기술도 안 되니 디블파가 아닌 더블보기면 최상의 결과다. 다른 하나는 눈에 띄지 않고 소리 없이 더블보기를 하는 퍼팅 그린에서의 쓰리퍼트다. 대다수의 아마추어 골퍼들이 레귤러온(파3 1온, 파4 2온, 파5 3온)을 못한다는 것을 고려하면 파4 홀에서 3온 2퍼트면 보기지만 3퍼트면 더블보기다. 운이 없는 날 벙커에 볼이 박혀서 그대로 플레이할 수 없는 경우 언플레이어블 볼을 선언하고 원래의 볼이 있는 지점과 홀을 연결한 벙커 밖 후방선 상의 한 지점 1클럽 거리 이내에서 구제받는 경우(규칙 19.3b)에는 2벌타를 받기 때문에 이것도 대형 참사 중의 하나다.

두 번째로, 하인리히법칙의 경상 29가 골프에서는 한 타를 손해 보는 경우다. 페널티 구역(규칙 17.1d)은 2019 규칙개정 이후 일반구역과 똑같이 취급하지만, 구제받기 위해서는 1벌타를 받아야 하고, 페널티 구역과 같은 구제 절차를 갖는 언플레이어블 볼(규칙 19.2)과 벙커 안에서의 언플레이어블 볼(규칙 19.3a)도 1벌타를 받은 후 스트로크와 거리 구제 또는 후방선 구제(1클럽 이내), 측면 구제(2클럽 이내)를 받을 수 있다.

마지막으로, 300번의 무상해 사고지만 대형 참사를 끊임없이 예견하는 징후에는 어떤 것들이 있을까? 이것은 기술적인 부분과 정신적인 부분으로 나눌 수 있다. 기술적인 부분은 샷을 위한 셋업 과정에서의 잘못된 그립이나 스탠스 그리고 얼라인먼트(alignment)와 에이밍(aiming)이 무상해 사고의 시작이 될 수 있다. 타깃 방향으로의 발, 무릎, 어깨 등이 올바르게 정렬되지 않고, 목표 조준이 왼쪽이나 오른쪽으로 벗어나면 샷을 잘하고도 결과가 만족스러울 수 없다. 자신의 샷에 대한 불만족은 자신의 실력에 대한 의심이나 불신으로 연결되기 때문에 참사를 예견할 수 있는 대단히 좋은 징후가 될 수 있다. 다음은 뒤땅을 치거나 생크를 내는 경우다. 물론 이렇게 친 샷이 OB나 페널티 구역으로 가면 곧바로 대형 참사가 되겠지만 그렇지 않고 거리만 손해를 볼 때도 좋지 않은 징후다. 이미 그날의 스윙플레인(swing plane)에 문제가 생겼기 때문이다.

무상해 사고의 정신력 부분은 동반자와 자신에 대한 마음가짐이다. 말 또는 입을 의미하는 일본어 '구찌'의 심리학적 원리는 인지언어학을 창시한 UC버클리의 교수 조지 레이코프(George Lakoff)가 인지적 무의식의 일부인 '프레임'에 대해서 쓴 책『코끼리는 생각하지마』를 읽어보면 알 수 있다. 누군가에게서 코끼리는 생각하지 말라는 말을 듣는 순간부터 인간은 코끼리를 생각하기 시작한다는 것이다. '오른쪽이 OB래', '지난번에 볼이 이 연못에 빠졌었지', '오늘 퍼팅이 다 짧네', '이 친구는 장타자야' 등등의 말을 듣는 순간 그 개미지옥에 빠져드는 것이다. 못 들었다면 다행이지만 일단 들었다면 그 프레임을 나만의 긍정 프레임으로 전환해야 한다. 코끼리는 내가 좋아하는 예쁜 코끼리를, 오른쪽이 OB면 왼쪽으로 멋지게 날아가는 내 볼을 생각하면 된다.

재앙은 조용히 다가온다

300번, 볼은 간신히 살아남았고
29번, 벙커 옆에서 숨죽였으며
1번, 티 박스에서 참사가 시작되었다.

OB는 아무 말 없이 나를 되돌려 보냈고
그린 위에서의 쓰리퍼트는 들키지 않은 죄처럼 조용했다.

셋업이 어긋나고 그립은 미끄러졌다.
벙커에 박힌 공을 꺼내려다 마음도 함께 빠져버렸고
뒤땅과 생크의 합창 속에서 나는 실종되었다.

골프는 예술이 아니라 하인리히의 숫자였다
사고의 미적분이요, 멘털의 물리학이었다

인문학적 성찰을 위한
Q & A

Q1. 골프 코스에서의 재앙은 정말 예측할 수 없는가?

대부분 재앙은 기술적 오류나 멘털 흔들림이라는 '무상해 사고'가 반복된 끝에 발생한다.

Q2. 하인리히의 사고 삼각형은 골프에 어떻게 적용되는가?

대형 참사는 더블보기 이상의 상황, 경상은 1타 손해, 무상해 사고는 셋업 오류나 부정적 프레임처럼 눈에 보이지 않는 징후로 해석된다.

Q3. 골프에서 가장 위험한 순간은 언제인가?

자신의 샷에 대한 불신이 시작되고, 동반자의 말이 머릿속 프레임을 흔들 때다. 그 순간이 재앙의 문턱이다.

골프라는 경기의 미학적 가치를 높이는 캐디의 역할은 무엇일까?

미학(Aesthetics)은 아름다움, 예술, 그리고 감각적 경험의 본질과 가치를 탐구하는 철학의 한 분야지만, 단순히 예술작품 자체만을 다루는 것이 아니라, 그것을 둘러싼 창조적 과정, 사회적 맥락, 그리고 인간의 감각적 경험 전반을 포괄하는 학문이다. '캐디의 미학'이라는 주제는 골프라는 스포츠 안에서의 캐디의 역할과 그들이 지니는 가치를 '고소득 특수고용 근로자, 골프장 이익을 위한 도구, 타구 사고 책임자'라는 1차원적 분석을 넘어서 인간관계에 집중한 깊은 성찰을 위해 던지는 화두다.

캐디의 기본적인 역할은 골프백을 운반하고, 클럽을 관리하며, 거리 및 기타 변수를 측정하는 것이다. 그러나 이러한 기술적 역할을 넘어서, 캐디는 골퍼와의 깊은 정신적 연결을 통해 경기에 영향을 미치는 중요한 인물이다.

골프 코스는 그 자체가 하나의 작품이며, 이곳에서 펼쳐지는 게임은 전략적 사고의 미학을 보여준다. 이 과정에서 캐디와 골퍼 사이의 대화는 골프 코스라는 캔버스 위에 그려지는 전략적 패턴을 만들어 내고, 이러한 공동 작업은 골프라는 경기의 미학적 가치를 높이며, 멋진 샷은 미적 결정의 산물이다. 또한, 경기 중에 골퍼가 직면하는 심리적 압박과 스트레스 상황에서 캐디는 안정적인 정서적 지원을 제공하고, 이러한 정서적 지원은 골프라는 스포츠가 단순히 신체적 기술의 전시가 아니라, 인간의 정서와 정신력이 깊게 연결된 활동임을 보여준다.

이러한 캐디의 미학적 가치를 고려할 때 캐디에게 타구 사고의 책임을 물어 실형을 선고한 법원의 판단은 안타까움이 크다. 2021년 강원도 원주 한 골프장에서 타구 사고로 고객 한 명이 실명한 사건과 관련 춘천지법 원주지원 박현진 판사는 2024년 3월 27일 20년 이상 경력의 캐디에게 업무상 과실치상 유죄를 인정, 금고 6개월을 선고하고 법정구속했다(2023고단1241). 피해자 측은 골프장에도 책임을 물어야 한다며 서울고등검찰청 춘천지부에 항고했고, 고검은 현장 검증 등을 거쳐 재기수사를 명령했다. 골프장에서의 타구 사고는 불행한 일이지만, 항상 발생 가능성이 있고, 책임 범위는 다소 복잡한데, 이는 사고의 구체적인 상황에 따라 달라질 수 있다.

캐디는 골퍼에게 타격 방향, 주변 환경, 그리고 안전에 대한 조언을 할 수 있으며, 이를 통해 사고의 위험을 줄이는데 이바지할 수 있다. 그러나 최종적인 결정과 행동은 골퍼의 책임이다. 캐디는 골퍼의 타격 결정을 내리거나, 골프공의 최종 방향을 제어할 수 없다. 따라서 타구 사고의 책임을 캐디에게 전가하기는 어렵다. 대부분, 캐디는 사고의 직접적인 원인을 제공하지 않기 때문에 골프장에서의 사고와 관련하여, 캐디에게 법적 책임이 부과되는 경우는 매우 드물다. 최종적인 책임은 대부분 골퍼나 골프장 측에 있다.

이제 모든 골프장이 골퍼가 라운드를 시작하기 전에 '중대재해처벌법' 관련 안전 고지를 받았음을 확인하는 서명을 받고 있다. 이 법은 2021년 1월에 통과되어 2022년 1월 27일부터 시행되기 시작한 법률로서, 사업주나 기업의 경영진이 안전 및 보건 의무를 소홀히 함으로써 발생하는 중대한 산업재해를 예방하기 위해 제정되었다. 이 법은 공공기관을 포함하는 모든 업종의 사업주와 법인, 그리고 그 경영책임자를 포함한 사업장에 적용된다.

사업주와 경영책임자는 적절한 안전 교육 제공, 위험성 평가 시행, 안전한 작업 환경 조성 등의 의무가 부여되고, 안전 및 보건 관리를 소홀히 한 것으로 판명될 경우, 최대 1년 이상의 징역 또는 10억 원 이하의 벌금을 부과할 수 있다. 중대재해 처벌 등에 관한 법률은 근로자의 생명과 안전을 최우선으로 하며, 사업장에서의 안전사고 예방에 중점을 두고 있다. 이 법의 시행은 사업주와 경영진에게 안전 및 보건에 대한 책임을 강화하고, 근로자의 안전한 근무 환경을 보장하기 위한 목적이 있다. 골프장에 근무하는 캐디는 특수 고용직 근로자다. 골퍼 뿐만 아니라 캐디도 골프장 경영자의 안전 및 보건 관리의 대상이다.

법률에서 범죄를 저지른 사람에게 얼마나 책임을 지우고 처벌할지를 결정할 때, 그 사람이 범죄를 저지른 의도나 태도를 보는데, 이것을 고의와 과실이라고 한다. 고의는 범죄를 저지른 사람이 법을 어길 결과를 원하거나 괜찮다고 생각하는 것을 말하고, 과실은 범죄를 저지른 사람이 법을 어길 결과를 원하지 않고도 실수나 부주의로 인해 법을 어기는 것을 말한다.

대한민국 골프장에 종사하는 어떤 캐디도 자기의 행위로 인하여 골퍼가 다칠 가능성이 있다는 것을 알면서도 샷을 하게 하는 '미필적 고의(未必的故意)'의 범죄자는 없다. 오히려 골퍼에게 기술적, 정서적 지원을 제공하며 그날의 라운드가 가장 아름다운 작품이 되기를 희망하는, '캐디의 미학'을 실천하는 동반자일 뿐이다.

캐디, 그 이름의 미학

그는 클럽을 들고 걷지만,
볼을 치진 않는다.
경기의 흐름을 읽고
거리보다 바람을,
기술보다 감정을 먼저 계산한다.

그는 전략의 동반자이자
정서의 조율자이며
코스 위의 조용한 예술가다.
한 샷의 아름다움은
그의 조언과 기다림,
그리고 골퍼의 결단이 함께 그려낸 작품이다.

그는 골프라는 예술의 숨은 연출자이며
그날의 라운드를 작품으로 만드는 조력자다.
그가 없는 골프는
색을 잃은 캔버스,
리듬을 잃은 교향곡,
길을 잃은 여행이다.
그는 골프 미학의 마스터다.

인문학적 성찰을 위한

Q1. 캐디의 역할은 단순한 기술적 지원을 넘어서 어떤 의미가 있는가?

캐디는 골퍼의 전략적 사고를 돕고, 정서적 안정과 경기의 흐름을 조율하는 동반자로서 골프의 미학을 완성하는 존재다.

Q2. 타구 사고에 대한 캐디의 법적 책임은 어떻게 판단해야 하는가?

캐디는 조언자일 뿐 최종 결정권자가 아니며, 고의나 미필적 고의가 없는 경우 책임을 전가하는 것은 부당하다.

Q3. 캐디의 존재가 골프라는 스포츠에 주는 철학적 가치는 무엇인가?

캐디는 경기의 기술적 완성뿐 아니라 인간적 연결과 감각적 경험을 통해 골프를 예술로 승화시키는 조력자다.

지자요수(智者樂水)
인자요산(仁者樂山)이면 골퍼는?

로맨티스트가 된 박찬욱 감독의 영화, 2022년 칸 영화제 감독상 수상작 '헤어질 결심'을 봤다. 영화는 여주인공 탕웨이(극 중 서래)의 입을 빌린 '지자요수(知者樂水) 인자요산(仁者樂山)'이란 말로 산에서 시작해 바다로 이어지는 공간적 배경과 산에서 남편을 죽이고 자신은 바다에서 자살하는 내용을 암시해 준다.

논어의 '지자요수 인자요산'이라는 말은 '지혜로운 사람은 물을 좋아하고, 어진 사람은 산을 좋아한다'라는 뜻이다. 흘러가는 물은 지형의 생김새나 주변 환경에 따라 흐르고 산은 변함없는 모습 그대로 묵묵히 제자리를 지키고 있는데, 여기에서 지자(知者)는 현실적이고 사물의 이해득실을 냉철하게 판단하며 물처럼 시간과 공간에 따라 유동적인 태도를 보이는 사람이다. 반면에, 인자(仁者)는 이상적이고, 산처럼 항상 그 자리에서 모든 것들을 너그럽게 받아들이고 용서하며, 만물과 더불어 동고동락하는 성인(聖人) 같은 덕성을 지닌 사람을 말한다.

2022년 7월 제150회 디 오픈 챔피언십이 열렸던 세인트앤드루스 골프장은 바다와 인접해 있는 링크스 코스로서, 성인을 의미하는 '세인트(Saint)'라는 말을 쓰고 있는데, 세인트앤드루스(St. Andrews)는 예수의 열두 제자 중의 하나인 안드레(Andrew)에서 유래된 이름이다. 결국 이 골프 코스는 물을 좋아하는 지자의 냉철한 현실판단력과 성인의 덕성을 지닌 인자의 부동의 평정심을 모두 갖춰야만 정복할 수 있는 골프장이다. 이 두 가지 특성을 조화시킨 호주의 캐머런 스미스가 제150회 디 오픈의 우승자가 되었다. 그는 20언더파로 역대 메이저 대회에서 가장 낮은 스코어와 타이를 기록하며 우승을 달성했는데, 특히 마지막 라운드에서 64타를 기록하며 극적인 역전 우승을 거뒀고, 이는 전통의 세인트앤드루스 올드 코스에서 열린 대회였기에 더욱 의미가 깊었다. 이 대회에서 캐머런 영이 2위(-19), 로리 매킬로이가 3위(-18)를 기록했다.

골프 역사 초기 스코틀랜드 모래 해안가에서 발달 된 골프 코스는 링크스 코스다. 링크스(Links)는 해안가 모래 언덕을 의미한다. 이 지역은 일반적으로 농업에 부적합하지만 다양한 풀이 잘 자랄 수 있는 모래 토양이 특징으로, 이렇게 조성된 단단한 잔디밭의 표면은 볼이 훨씬 더 멀리 굴러간다. 모래 토양은 배수가 매우 잘 되어 지면을 견고하게 유지하므로 골프 코스에 이상적이다. 이 코스는 일반적으로 미국식의 크고 넓은 벙커와 달리 좁고 깊은 항아리 벙커(pot bunker)를 특징으로 하고, 나무가 없고 해안가에 있어서 바람의 영향을 많이 받는다. 진짜 링크스 코스는 대부분 스코틀랜드, 아일랜드 및 영국에서 찾을 수 있는데, 세인트 앤드루스 올드 코스, 로열 트룬, 라힌치 등이 대표적이다.

우리나라에서는 링크스와는 다른 유형의 파크랜드(Parkland) 골프장을 더 많이 볼 수 있다. 파크랜드 코스는 바다에서 떨어진 내륙에 조성되는데, 나무가 많은 것이 특징이다. 마치 공원에서 골프를 치는 듯한 모양과 느낌을 주기 때문에 파크랜드 코스라고 한다. 이런 유형의 코스는 잘 손질된 벙커, 연못 및 러프와 같은 인공 지형으로 가득 차 있어서 잔디와 토양을 유지하기가 더 어렵고 비용이 많이 든다. 세계에서 가장 유명한 파크랜드 코스는 미국의 오거스타 내셔널이다.

그 이외에도 링크스와 파크랜드를 결합한 형태의 히스랜드(Heathland) 코스는 링크스 이외의 곳에서 골프를 칠 장소를 찾고 있을 때 내륙에 생겨났는데, 관목이 무성한 황야지대에 조성되며, 지형은 기복이 있으며 모래 토양도 링크스와 유사하다. 영국 최고의 코스는 써니 대일 GC와 워킹 GC가 있다. 또한, 주변 지역에 비해 놀라울 정도로 모래가 많아 골프를 즐기기에 적합한 호주의 샌드벨트 지역 같은 곳은 샌드벨트(Sandbelt) 코스라고 한다. 이 유형은 기복이 심한 그린과 단단한 그라운드가 특징으로 로열 멜버른 GC가 대표적이다.

지형의 특징과는 무관하게 크고 작은 골프 경기를 주최하도록 설계된 코스를 '스타디움/챔피언십(Stadium / Championship)' 코스라고 한다. 대부분 클럽에서 '챔피언십 코스'가 있다고 말하는 것은 상당히 길고 힘든 18홀이라는 것 외에는 큰 의미가 없다. 하지만, 우리가 TPC(Tournament Players Club)라고 하는 것은 PGA 투어 경기를 위해 관중의 이동과 흥미진진한 변화를 하는 홀을 염두에 두고 설계된 코스다. PGA 투어가 매년 더 플레이어스 챔피언십을 개최하는 TPC Sawgrass가 가장 유명한 스타디움 코스다.

공자는 세상을 살아가는데 필요한 평범한 이치를 '지자요수 인자요산'으로 말하면서, 궁극적으로는 인자가 지자를 이긴다는 말이지만, 요수(樂水)와 요산(樂山)을 두루 포용하는 도(道), 즉 인(仁)의 사상인 사랑을 강조한 것이다. 어떤 코스에서 플레이하든지 골퍼는 볼이 놓인 상황에 맞는 최적의 선택을 할 수 있는 냉철한 지자, 그리고 자신의 선택에 의한 결과를 너그럽게 받아들이는 인자의 덕목을 겸비해야 좋은 골퍼가 될 수 있고, 무엇보다도 골프와 동반자를 사랑할 줄 알아야만 진정한 고수가 될 수 있다. 요수요산(樂水樂山)하며 골프를 즐기지 못하고 자신의 이익만을 좇는 요리(樂利) 골퍼는 아무도 찾지 않는 요망(妖妄)한 골퍼가 될 뿐이다.

요수요산, 그리고 골퍼

산은 말이 없다.
묵묵한 등성이 위에서
바람을 품고도 흔들리지 않는다.

물은 고요하다.
때로는 거칠게 출렁이지만
끝내, 다 받아들이고 흘러간다.

지자(智者)는 흐른다.
볼의 궤적을 읽고
지형을 분석하며
모든 선택엔 이유가 있다.
인자(仁者)는 멈춘다.
동반자의 실수를 기다려주고
자신의 잘못을 품어준다.

모든 결과엔 의미가 있다.
그래서 골퍼는
산을 닮아 따뜻해야 하고
물에 젖어 냉철해야 한다.

인문학적 성찰을 위한
Q & A

Q1. 골퍼는 지자요수인가, 인자요산인가?

좋은 골퍼는 상황에 따라 냉철하게 판단하고, 결과를 너그럽게 받아들이는 균형 잡힌 인격을 갖춰야 한다.

Q2. 골프 코스의 유형은 단순한 지형 구분인가?

링크스, 파크랜드, 히스랜드, 샌드벨트, 스타디움 코스 등은 각각의 철학과 전략, 그리고 문화적 배경을 담고 있다.

Q3. 골프에서 가장 중요한 덕목은 무엇인가?

사랑이다. 동반자와 코스를 사랑하고, 자신의 실수마저도 받아들이는 마음이 진정한 고수를 만든다.

규칙과 윤리
— 질서의 골프

- 구제의 의미
- 공정성과 경기 운영
- 언어와 사회적 약속
- 긴장과 생명
- 배려와 이해
- 규칙 위반의 낙인
- 실수와 선택
- 기본권 vs 집단 이익
- 형평성과 공정성
- 기술의 경기와 규칙의 경기

구제(relief)는 고통의 완화인가, 부활의 시작인가?

2022년 서울 도심 이태원에서 핼러윈(Halloween) 축제를 즐기려 모여든 젊은이들이 좁은 골목길에 뒤엉키며 156명이 압사를 당하는 10.29 참사가 일어났다. 죽은 이들의 혼을 달래기 위한 축제에서 주검으로 변한 희생자들에게 평온한 안식과 그날의 명확한 진상이 규명되길 기원한다.

19세기 중반까지만 해도 미국의 핼러윈은 켈트족의 풍습을 간직하고 있던 스코틀랜드 · 아일랜드 이민자들이 치르는 소규모 지역 축제였지만 1840년대 아일랜드 대기근으로 1백만 명의 아일랜드인들이 미국으로 이주하면서 핼러윈이 퍼져나가기 시작했고, 지금은 미국을 대표하는 축제로 자리 잡았다. 골프계에도 이 켈트족을 대표하는 선수로서 2025년 10월 현재 세계 골프랭킹 2위인 로리 매킬로이(북아일랜드)가 있다. 2011년 로리가 US오픈을 우승했을 때 북아일랜드의 정치인들은 그에게 'Celtic Tiger'라는 별명을 붙이기도 했다.

10.29 참사에서 가장 안타까웠던 것은 사전 대비의 부족과 신속한 구조의 부재였다. 골프 경기중에도 골퍼들을 당황 또는 좌절하게 만드는 많은 상황이 발생하는데, 그 상황에서 골퍼들을 구조하기 위한 규칙이 바로 '구제(relief)'에 관한 규칙들이다. '구제(救濟)'는 '자연적인 재해나 사회적인 피해를 보아 어려운 처지에 있는 사람을 도와준다'라는 의미를 지니지만, 영어 'relief'는 '고통·불안 등의 완화나 제거(the removal or reducing of something that is painful or unpleasant)'를 의미한다.

공식 골프 규정집 용어의 정의에서는 '가장 가까운 완전한 구제지점(Nearest Point of Complete Relief)'과 '구제구역(Relief Area)'을 명시하고 있다. 골퍼가 의도치 않은 어려운 상황에 부닥친 후 구제 절차를 시작하려면 가장 먼저 구제 지점을 정하고, 그 기준점에서 한 클럽 또는 두 클럽 범위 안에서의 구제구역에 볼을 드롭하는 것이다. '가장 가까운 완전한 구제 지점'은 비정상적인 코스 상태(규칙 16.1), 위험한 동물이 있는 상태(규칙 16.2), 잘못된 그린(규칙 13.1f), 플레이금지구역(규칙 16.1f / 17.1e)으로부터 페널티 없는 구제를 받거나 특정한 로컬룰에 따라 구제받는 경우의 기준점을 말한다.

이 기준점은 볼이 놓여야 할 것으로 추정되는 지점으로서, 그 볼의 원래의 지점과 가장 가깝지만, 그 지점보다 홀에 더 가깝지 않고, 요구되는 코스의 구역에 있으며, 원래의 지점에 방해가 되는 상태가 없었다면 플레이어가 했을 스트로크에 더 이상 방해가 되지 않는 지점이다. 이 기준점을 추정할 때, 플레이어는 반드시 그 스트로크에 사용했을 것과 같은 클럽·스탠스·스윙·플레이 선을 사용하여 추정하여야 한다. 플레이어가 첫 번째 구제 절차를 완료한 후 또 다른 상태로 인한 방해가 있다면 그 새로운 상태로부터 가장 가까운 완전한 구제 지점을 결정하여 다시 구제받을 수 있다.

일단 기준점이 정해지면 규칙에 따라 볼을 드롭하는 구역을 자신의 가장 긴 클럽(퍼터는 제외)의 한 클럽 또는 두 클럽 길이 이내로 정하는데, 그 구역을 '구제구역(Relief Area)'이라고 한다. 구제구역은 기준점보다 홀에 더 가깝지 않아야 하고, 구제받으려고 하는 상태로부터 더 이상 방해받지 않는 곳이어야 한다.

구제구역의 크기를 정하기 위하여 클럽 길이를 이용할 때, 플레이어는 배수로나 배수구 또는 그와 유사한 것들을 가로질러 측정할 수 있으며, 나무·울타리·벽·터널·배수구·스프링클러 헤드와 같은 물체를 가로지르거나 통과하여 측정할 수 있다. 그러나 자연적인 오르막이나 내리막 지형을 수평으로 가로질러 측정해서는 안 된다.

플레이어의 볼이 카트 도로 정중앙에 있다면 어느 쪽으로 구제받아야 할까? 구제 지점은 놓여 있는 볼에서 가장 가까워야 하므로 퍼팅 그린

방향을 기준으로 오른손잡이 골퍼에게는 카트 도로 왼쪽, 왼손잡이에게는 오른쪽이 된다. 구제받을 때 주의할 점은 무조건 볼을 집어 들면 안 된다는 것이다. 카트 도로를 벗어난 구제 지점이 항상 더 좋은 라이를 보장하는 것은 아니어서 카트 도로에서 샷을 하는 것이 더 나을 수도 있어서 카트 도로에 있는 볼은 그냥 둔 채 새 볼로 구제 지점을 확인하여 볼이 놓인 지점이 카트 도로보다 더 좋다는 것이 확인된 후에 원래의 볼을 집어 드는 것이 좋다. 무작정 집어 든 후에 구제 지점이 좋지 않아 원위치에 다시 놓고 샷을 한다면 1벌타를 받게 된다.

골프에서의 구제(relief)는 단순히 규칙적인 행위지만, 그 의미는 고통의 완화이자, 부활의 시작이다. 구제는 플레이어가 불합리한 상황이나 불리한 상황에서 벗어날 수 있도록 허용하는 규칙적 권리다. 이때는 벌타 없이 볼을 옮길 수 있어, 마치 고통에서 잠시 해방되는 느낌이며, 동시에 구제는 새로운 기회를 의미한다. 벌타를 감수하고서라도 언플레이어블 볼을 선언하거나, 페널티 구역에서 벗어나기 위해 드롭을 선택하는 순간, 그건 단순한 회피가 아니라, 다시 경기를 이어가기 위한 의지의 표현이다. 마치 무너졌던 흐름을 다시 세우는 부활의 첫걸음처럼!

플레이가 금지된 OB 구역의 죽은 볼은 다시 살려낼 수 없다. 골프 코스에서 플레이하는 선수는 구제상황에 빠지지 않는 것이 최상이고, 죽은 자를 살려내는 것이 아닌 언제 어느 곳에서든지 살아 있는 국민이 안심하고 일상을 누릴 수 있도록 보장해주는 나라가 최고의 국가다.

구제의 이름으로

구제는 선택이 아니고
부활의 권리다.
그건 도피가 아니라
다시 시작하는 의지다.

OB처럼 돌아올 수 없는 날도
죽은 자의 자리는 남기되
살아있는 자는
다시 시작해야 한다.

구제는 고통의 완화가 아니라
흐름을 다시 엮는 첫 실마리.
그래서 나는 오늘도
자연의 모서리 위에
조심스럽게 볼을 드롭한다.

인문학적 성찰을 위한
Q & A

Q1. 골프에서 구제란 단순한 규칙인가, 철학인가?

그것은 규칙이자 철학이다. 불합리한 상황에서 벗어날 수 있는 권리이며, 다시 경기를 이어가기 위한 의지의 표현이다.

Q2. 구제는 고통의 완화인가, 부활의 시작인가?

구제는 불편함을 덜어주는 동시에, 무너진 흐름을 다시 세우는 새로운 출발점이다.

Q3. 구제의 순간, 플레이어는 무엇을 선택하는가?

회피가 아니라 회복을 선택한다. 구제는 단순한 드롭이 아니라, 다시 싸우겠다는 선언이다

골프 경기의 순연과 취소는
스포츠의 공정성 원칙을 지키고 있는가?

악천후로 인해 스포츠 경기가 순연되거나 취소되는 것은 공정성 원칙을 지키는 조치로 볼 수 있다. 경기의 공정성은 선수들이 동등한 조건에서 경쟁할 수 있는 환경을 보장하는 데서 출발하며, 날씨는 그 조건을 심각하게 왜곡할 수 있기 때문이다. 또한, 낙뢰나 폭우 등은 선수의 생명과 안전을 위협할 수 있어, 경기 지속 자체가 비윤리적일 수 있다. 경기 순연이나 취소는 단순한 일정 변경이 아니라, 선수의 안전과 경기의 공정성을 지키기 위한 제도적 장치다. 물론 관중이나 방송 일정 등 다른 이해관계자에게는 불편을 줄 수 있지만, 스포츠의 본질인 공정한 경쟁을 유지하기 위해서는 불가피한 조치라고 할 수 있다.

주요 종목들의 규정을 정리해보았다:

1. 축구 (K리그 기준)
- 기본 원칙: 악천후에도 경기를 진행하려는 노력을 우선함.
- 중단 결정: 경기감독관이 경기 시작 3시간 전까지 중단 여부 결정.
- 재경기: 불가항력적 상황으로 중단 시, 다음날 같은 장소에서 재경기 진행.

2. 야구 (KBO 기준)
- 경기 전: 기상청 특보(강풍, 폭염, 황사 등) 확인 후 경기 운영위원이 결정.
- 경기 중:
  *5회 이전 중단: '노게임' 선언 → 경기 무효, 환불 가능.
  *5회 이후 중단: 점수 기준으로 승패 결정.
  *서스펜디드 게임: 중단된 경기를 다음 날 이어서 진행하는 방식으로 변경됨.

3. 골프 (대한골프협회 기준)
- 낙뢰 위험시:
  선수 스스로 판단해 경기 중단 가능.
  위원회가 공식적으로 중단 선언 시, 모든 선수는 즉시 플레이 중단.
- 재개 여부: 낙뢰가 사라진 후 위원회 판단에 따라 경기 재개.

참고할 만한 규칙으로는 미국 스포츠 규정의 '8마일 낙뢰 규정'이 있는데, 이것은 반경 12.9km 내 낙뢰 발생 시 즉시 중단하고, 이후 30

분 대기 후 경기를 재개하는 것이다.

그런데, 골프에서 3라운드나 4라운드 경기가 정해져 있는 경우 라운드 취소가 논란이 되는 경우가 있다.

2023년 11월 5일 제주에서 열리고 있던 KLPGA 투어 S-오일 챔피언십 최종 4라운드가 폭우로 취소되면서 챔피언조가 10번 홀을 마치지 않은 상태에서 선두 김재희에 7타 뒤져있던 성유진이 3라운드 성적에 따라 우승자가 됐다. 첫 승을 노리던 김재희는 아쉽게도 기상악화로 인한 우승을 놓치며 하늘을 원망해야 했다.

이날 대회장은 폭우로 인해 그린 위에 물이 고이는 등 정상적인 경기 진행이 불가능해졌고, 오전 11시 45분 경기가 중단됐다 30분 후 재개했지만, 오후 2시9분 다시 경기가 중단된 뒤 비가 그치지 않자 대회조직위원회는 대회 종료를 결정했다. KLPGA가 선수들에게 공지한 '순연·취소' 규정에는 기상악화로 출전선수가 한 팀이라도 18홀을 마치지 못하면 그 라운드는 취소된 것으로 간주하고 있고, 라운드가 취소된 경우, 그 라운드의 스코어와 페널티 모두 취소된다.

KPGA 투어에서도 4일간 36홀 경기를 치른 적이 있다. 2023년 9월 14일 시작한 비즈플레이 전자신문 오픈은 2, 3라운드가 남부지역을 강타한 폭우로 대회장인 코스모스링스 코스에 물이 차 결국 1989년 포카리스웨트 오픈 이후 34년 만의 36홀 대회서 김찬우가 생애 첫 승을 거뒀다. 흥미로운 것은 골프 경기가 취소됐던 토요일에 프로축구 경기가 열린 전주 월드컵경기장에서는 페널티 킥이 발생한 위치인 페널티 마크에 고인 물을 선수들이 손으로 퍼내면서도 역대급 수중전이 펼쳐졌다.

골프를 비롯한 축구, 야구 등 실외 경기 종목은 자연의 영향을 받을 수밖에 없다. 그래서 각 종목은 천재지변이나 악천후로 인한 경기 중단이나 취소에 관한 규정을 두고 있다. 골프에서도 규칙 5.7 플레이 중단 및 재개(Stopping Play; Resuming Play), 위원회 절차 4B 플레이 중단(Suspending Play), 로컬룰 모델 8J 악천후 및 경기 중단에 관한 절차(Procedures for Bad Weather and Suspensions of Play)를 두고 있다.

골프 경기 중단이 아닌 취소에 관한 내용은 위원회 절차 5A 경기 조건 설정(Setting the Terms of the Competition) '8.(8) 경기가 시작된 후 경기 조건을 변경하는 경우'와 6E 플레이 중단 및 재개(Suspensions and Resumptions) '(4) 라운드 취소 여부'에서만 다루고 있다.

8.(8)에서는 경기 조건을 변경해서는 안 되는 상황으로 '플레이어들은 플레이할 홀 수를 예상하고 라운드를 시작하고, 그것에 따라 플레이 전략을 세울 수 있기에, 일단 라운드가 시작되고 난 후 그 라운드에서 플레이할 홀 수를 변경해서는 안 된다. 예를 들면, 18홀의 라운드에서 모든 플레이어가 9홀을 플레이한 후 기상악화로 인해 경기가 중단된 경우, 위원회가 9개 홀의 스코어만 가지고 경기 결과를 발표해서는

안 된다'라고 하고 있다.

또한, 경기 조건을 변경할 수도 있는 예외적인 상황으로는 '기상악화와 같은 상황이 주어진 시간 안에 플레이할 수 있는 라운드의 수, 플레이해야 할 라운드의 수 또는 아직 시작하지 않은 라운드의 홀 수에 영향을 미치는 경우, 상황에 따라 그 수를 변경할 수 있다'라고 하고 있다.

6E.(4) 라운드 취소 여부에서는 '스트로크플레이에서는 위원회가 라운드를 취소시켜야 하는 경우에 대해 정해진 지침이 없다. 각 경우의 상황에 따라 적절한 조처를 해야 하며, 어떤 조치가 적절한지 판단하는 것은 위원회의 몫이다'라고 규정하고 있다.

결국, 이러한 규정에 따라 라운드 취소 권한을 가진 위원회가 라운드 수는 조정할 수 있지만 그 라운드에서 플레이할 홀 수를 변경하지는 못하기 때문에 10번 홀에서 7타를 앞서고 있었어도 그 라운드가 취소됨에 따라 모든 기록이 사라져 버리는 기현상이 생기고, 그 경기 결과의 공정성에 논란이 있었다.

야구의 경우에는 1경기 9이닝에서 과반인 5이닝을 기준으로 취소된 경기가 인정되느냐 마느냐가 결정된다. 5이닝을 끝낸 상황에서 심판이 결정한 경기 중단인 콜드게임(called game)은 경기 취소인 'No game'이 아니라 정식경기로 인정된다. 18홀 중에서 과반인 9홀을 끝낸 상태에서 우천 취소되어 모든 기록이 사라지는 것 보다는 합리적이고, 좀 더 공정하다.

스포츠에서 규칙을 지키는 것은 '공정성'에 대한 권위를 존중받기 위한 것이다. 그렇다면 공정성에 의문이 제기될 여지가 있는 규정이라면 다시 살펴볼 필요가 있다. 야외 골프 코스에서 진행되는 경기는 기상변화에 영향을 받을 수밖에 없다. 그래서 모든 골프 투어는 예비일을 둔다. 하지만 경제적인 이유로 KLPGA 경우 현재 두산 매치플레이 챔피언십과 2024년을 끝으로 종료된 두 대회만 공식적인 예비일을 두고 있었고, KPGA도 크게 다르지 않은 것이 우리나라 골프 투어의 현실이다.

위원회 절차 6E.(4)에서도 플레이어들이 몹시 나쁜 날씨에도 불구하고 라운드를 시작했는데, 날씨가 점점 더 악화돼서 그날의 남은 라운드를 플레이하는 것이 불가능한 경우에는 '그날의 라운드를 취소시키고, 날씨가 상당히 좋아질 가능성이 큰 다음 날 그 라운드를 시작하도록 하는 것이 합리적'이라고 규정하고 있다. 반쪽짜리 규정을 지키지 말고 규정을 지키려면 모두 지켜야 공정성이 산다.

공정의 이름으로 멈춘 스윙

하늘이 무너질 듯 비가 내릴 때,
그린 위 물웅덩이는
선수의 의지보다 먼저 경기를 멈추게 한다.
낙뢰가 번쩍일 때,
클럽을 내려놓는 손은
패배가 아닌 생명을 위한 선택.

공정은 때로 스코어보다 깊은 곳에 있다.
골프는 자연 앞에 고개를 숙이는 스포츠다.
공정성은
모든 선수가 같은 조건에서 경쟁할 수 있는 권리.
그 권리를 지키기 위해
경기는 멈추고 기록은 지워진다.

하지만, 그 멈춤이 진짜 공정이었는가?
반쪽짜리 규정이 선수의 꿈을 지우는 순간,
"공정이란 이름으로 무엇을 지켰는가?"
공정성은
규칙을 지키는 것이 아니라
규칙이 공정해야 지켜질 수 있다.

인문학적 성찰을 위한

Q1. 골프 경기의 순연과 취소는 공정성을 지키는가?

선수의 안전과 동등한 조건을 위한 조치지만, 규정이 결과를 왜곡할 수 있다면 공정성 자체에 의문이 생긴다.

Q2. 골프 규정의 어떤 점이 공정성 논란을 일으키는가?

18홀 중 일부만 진행된 라운드가 취소되면 모든 기록이 무효가 되며, 이는 경기 중 실제 성과를 반영하지 못하는 결과를 낳는다.

Q3. 공정한 스포츠를 위해 필요한 것은 무엇인가?

규칙의 일관성과 예비일 확보, 그리고 규정의 재검토를 통해 결과가 선수의 실력과 노력에 기반하도록 해야 한다.

잘못된 골프 용어를 사용하는 것은 사회적 약속을 파기하려는 쿠데타인가?

근대 구조주의 언어학의 시조 페르디낭 드 소쉬르(Ferdinand de Saussure, 1857~1913)의 언어 혁명은 언어를 '내용'과 '형식'의 결합체로 정의한 것에서부터 시작되는데, 여기서 '내용'이 '기의'(시니피에)고 '형식'이 '기표'(시니피앙)다. 그런데, 언어에서 기의와 기표 관계가 사회적으로 약속된 후에는 개인이 마음대로 바꿀 수 없는 특성을 언어의 사회성이라 한다.

우리가 '신발'이라고 부르는 것을 영어로는 '슈즈 shoes', 일본어로는 '쿠쯔 くつ', 중국어로는 '시에 鞋'라고 한다. 이것은 그 언어를 사용하는 사람들끼리 정한 약속이다. 그런데 그 약속을 어기고 누군가가 '신발'을 '시계'라고 한다면 아마도 서로 의사소통이 되지 않을 것이다. 따라서 올바른 언어를 사용하는 것은 구성원들의 의무고, 정해진 사회적 약속을 지키는 일이다.

15세기 이후의 골프는 긴 역사만큼이나 그 용어도 생성과 소멸을 겪어왔다. 그러다 보니 잘 못 쓰는 용어도 있고, 안 쓰는 용어도 있고, 사라져 버린 용어도 있다. 그런데 유럽이나 미국 골퍼들과 달리 우리나라 골퍼들만 언어의 사회성, 즉 정해진 약속을 어기고 마음대로 바꿔 쓰는 말들이 많다.

한국 골퍼들이 가장 많이 잘 못 쓰는 용어 3개를 꼽으라면 '라운딩, 필드, 양파'다. 첫째로, 위원회가 정한 순서대로 18개의 홀(또는 그 이하)을 플레이하는 것은 'Round 라운드'다. 라운딩(Rounding)은 서양 골퍼들은 물론이고 일본인도 안 쓰는 말이다. 골프 이외에 다른 스포츠에서도 '라운드'라는 말을 쓰는데, 라운딩이라고는 하지 않는다. 그다음으로 골프를 하는 장소인 '골프장'을 의미하는 것은 'Golf Course 골프 코스'인데 대다수 골퍼가 필드라고 한다. 골프에서 사용되는 필드(Field)라는 용어는 '출전선수 목록'으로 '대회 참가자의 전부 또는 일부를 구성하는 개인'을 뜻한다. 마지막으로 파3에서 6타, 파4에서 8타, 파5에서 10타의 스코어를 의미하는 것은 'Double par 더블파'다. 양파는 두 개나 짝을 의미하는 한자 '양(兩)'과 영어 'Par'를 합쳐서 만들어 낸 한국 골퍼들의 창의성이 빛나는 말이다. 앞으로는 '더블파'라고 하고, 고혈압, 당뇨, 골다공증에 좋은 '양파'(onion)는 건강을 위해서만 먹자.

2019년 1월 1일에 발효된 새로운 골프 규칙으로 정점을 찍은 규칙 현대화 프로젝트의 목표 중 하나는 게임 규칙을 더 쉽게 이해하고 적용할 수 있도록 하는 것이었다. 이는 경기 규칙에 따른 결과뿐만 아니라 경기 규칙을 설명하는 데 사용되는 언어와 용어에도 적용되었다. 구력이 긴 골퍼들은 새로운 용어에 익숙해지는 데 다소 시간이 걸릴 수 있지만, 이제 안 쓰는 용어를 계속 사용할 수는 없다.

변경 사항 몇 가지를 살펴보면 벙커와 워터 해저드를 모두 포함하던 해저드(Hazard)는 패널티 구역으로, 티잉 구역과 퍼팅 그린, 벙커와 페널티 구역을 제외한 골프장의 모든 구역을 의미하는 스루 더 그린(through the green)이 일반 구역(General Area)으로 변경됐다. 일시적으로 고인 물이 'Causal Water'에서 'Temporary Water'로, 티샷하는 티잉 구역이 Teeing Ground에서 Teeing Area로, 국외자(outside agency)를 외부의 영향(outside influence)으로, 가장 가까운 구제 지점을 '가장 가까운 완전한 구제 지점'(Nearest Point of Complete Relief)으로 바뀌었고, 우리만 번역해서 쓰던 잠정구는 영어 발음 그대로 프로비저널볼(provisional ball), 오구는 잘못된 볼(wrong ball)로 사용해야 한다. 움직이고 있는 공이 국외자(局外者)에 의해서 방향이 바뀌거나 멈추는 것을 가리키는 'Rub of the Green'은 삭제되었다.

많은 골프 관계자, 골프 매체, 칼럼니스트들의 노력에도 불구하고 라운딩, 필드, 양파는 종양처럼 번지고 있고, 골프 프로임을 자임하는 사람들과 골프 방송 채널, 골프장, 스크린골프 1위 업체인 골프존도 골프 용어의 오용을 선도하거나 방치하고 있다. 이는 사회적 약속을 파기하려는 쿠데타나 다름없다. 올바름을 지키기 위해 골프를 사랑하는 전 국민이 나서야 할 때다.

언어의 쿠데타

티샷으로 시작된 골프는
'라운딩'이 아닌 '라운드'라 하자.
단어 하나가 그날의 예의다.
'필드'에 나간다고 하지 말고
'코스'로 들어가 인격을 담자.
'양파'로 부른 더블파가
언어의 약속을 무시한 쿠데타라면
우리는 모두 내란 세력이다.

기표가 기의에 말을 걸고
용어는 규칙을 설명하는 다리다.
벙커는 패널티 구역이 되었고
잠정구는 프로비저널볼로 거듭났다.
골프는 스코어를 기록하기 전에
언어로 존중을 표하는 경기다.

쓰지 말아야 할 말을 쓰는 자는
침묵을 강요하는 자보다 더 큰 오류를 낳는다.
골프는 약속이고
약속은 올바른 말로 지켜진다.

인문학적 성찰을 위한
Q & A

Q1. 왜 정확한 골프 용어 사용이 중요한가?

언어는 사회적 약속이며, 그 약속을 지키는 것은 공동체의 질서를 유지하는 기본이다.

Q2. 잘못된 용어 사용이 골프 문화에 미치는 영향은?

오용은 혼란을 초래하고, 골프의 전문성과 국제적 소통을 저해하며, 스포츠의 품격을 떨어뜨린다.

Q3. 골프 용어 바로잡기는 누구의 책임인가?

골프를 사랑하는 모든 사람—프로, 방송, 골프장, 일반 골퍼—모두가 함께 지켜야 할 문화적 의무다.

코스 라운드에서 가장 긴장되는 순간이 죽음을 부른다면?

골퍼들은 라운드 나가면 어느 때 가장 긴장이 될까? 코스에서 라운드 도중에 사망하는 사건들이 심심치 않게 해외토픽처럼 들려온다. 볼에 맞거나 볼 주우러 갔다가 익사한 것이 아니라 심정지로 인한 사망이다. 주말골퍼뿐만 아니라 2020년 10월 KPGA 챔피언스투어 시니어 마스터스 경기 도중에 급성 심근경색으로 박 모 프로가 사망하기도 했다. 긴장감으로 인한 스트레스가 혈액 속의 피가 굳어서 덩어리가 된 혈전을 만들고, 그 혈전이 혈관을 막아 돌연사를 유발하는 것이다.

그렇다면 죽음에 이를 정도로 심장이 뛰지 못하는 긴장된 순간은 언제인지 골퍼들에게 물어보았다.

가장 높은 응답은 그날의 라운드를 시작하는 첫 티샷이었다. 특히나 다음 팀이 이미 티잉 구역 가까이에 대기하면서 갤러리가 되었을 때 그 긴장도는 더욱 심해진다. 이를 예방하기 위해서는 티샷 전 충분히 몸을 움직이는 준비운동을 하고, 함께 온 단체팀이 아니라면 앞 팀 티잉 구역 근처에는 다가가지 않는 것이 예의다. 그리고 첫 티샷을 하는 경기자는 모든 힘을 다 쓰기보다는 80% 정도로 가볍게 샷을 하는 것이 좋다. 그래야 볼도 살아있고, 경기자도 살아서 라운드를 끝낼 수 있다.

두 번째로 많은 응답자는 퍼팅 순간이었다. 홀에 들어갈 것을 기대하지 않고 붙이기만 하려는 레그 퍼팅(lag putting)을 제외한 모든 퍼팅은 긴장 그 자체다. 내리막 퍼팅, 쓰리 퍼팅, 버디 퍼팅, 이글 퍼팅 등, 특히나 깻잎 한 장 차이로 아깝게 컨시드를 받지 못한 짧은 퍼팅은 심장에 엄청난 압박을 가한다. 이럴 때는 심호흡이 도움이 된다. 어드레스를 풀고 큰 호흡으로 심장에 충분한 산소를 공급한 후 홀에 들어갈 거라는 믿음을 갖고 퍼팅하면 성공확률이 높아진다.

그 외 응답으로는 OB나 생크 난 후 두 번째 샷 할 때, 페어웨이 벙커라고 부르는 디보트에 볼이 들어가 있을 때다. 그중에 가장 인상 깊었던 것은 골프장 떠나기 전 결제하는 순간이란 응답이었다.

2019년 개정규칙이 2023년 조금 수정, 변경된 부분이 있었다. 주요 변경 사항에는 특정 규칙 9개, 일반적인 변경 사항 2개가 있는데 그중에서 다음 변경 사항 정도는 알아 두어야 한다.

1. 잘못된 볼에 스트로크하면 1벌 타 / 규칙 6.3b(3)

잘못 교체한 볼에 스트로크하면 기존에는 일반 패널티(2벌타)였지만 1벌타로 변경되었다. 하지만 잘못된 장소에서의 플레이는 여전히 2벌타다.

2. 라운드 중 손상된 클럽 수리나 교체 가능 / 규칙 4.1a(2)

그동안 로컬룰 모델(G-9)로 규정하던 것을 경기자가 클럽을 고의로 손상하지만 않았으면 라운드 중 손상된 클럽을 수리하거나 그대로 쓰거나 다른 클럽으로 교체할 수도 있게 했다.

3. 자연의 힘으로 움직이면 무벌타 리플레이스 / 규칙 9.3

규칙에 따라 구제받고 드롭·플레이스·리플레이스한 볼이 정지한 후 자연의 힘으로 굴러갈 수 있다. 그런 경우, 기존에는 볼이 멈춘 곳에서 다음 플레이를 해야 했지만, 이제는 벌타 없이 볼을 원래 자리에 리플레이스해야 한다.

다만, 볼이 일반구역에서 페널티 구역이나 아웃오브바운즈처럼 코스의 다른 구역에 멈춰야 한다. 일반구역에 있는 볼이 움직여서 일반구역에 멈출 때는 이 규칙이 적용되지 않는다.

4. 후방선 구제의 단순화

페널티 구역 구제나 언플레이어블 볼 구제 방법 가운데 한 가지인 후방선 구제는, 드롭한 볼이 기준점보다 홀에 가까이 가면 다시 드롭해야 했다. 그러나 이제부터는 기준점으로부터 사방 한 클럽 길이 이내 지역에 볼이 멈추면 곧바로 인플레이 볼이 된다. 홀에 가까운 쪽에 볼이 멈춰도 된다는 뜻이다.

죽음을 동반하며 플레이하는 골프는 위험한 운동이 될 수도 있다. 특히나 첫 티샷과 그 홀의 마무리인 퍼팅은 가장 부담이 큰 순간이다. 결국 '시작이 반이고, 끝이 좋아야 다 좋다'라는 말처럼 충분히 준비된 티샷과 안정적인 편안한 퍼팅이 골프를 88세까지 즐길 수 있는 운동이 되게 한다.

리듬의 존재론

첫 티샷은 시작이 아니라
존재의 선언이다.
심장은 날아가고
나는 남는다.

완벽은 환상이다.
80%의 나로 살아내는 것
그것이 진짜다.

흔들림은 피할 수 없지만
멈춤은 선택이고,
생존은 기술이 아니라 리듬이다

골프는 규칙이 아닌 존재의 방식이다.
죽음의 문턱에서 한발 물러서며
나는 오늘도 다시 살아간다.

인문학적 성찰을 위한 Q&A

Q1. 골프에서 가장 위험한 순간은 언제인가?

첫 티샷과 마지막 퍼팅이다. 심리적 압박이 심장을 조이고, 실제로 생명을 위협할 수 있다.

Q2. 골프는 정말 위험한 운동인가?

심혈관 질환이 있는 사람에게는 긴장과 스트레스가 돌연사의 원인이 될 수 있다.

Q3. 골프를 오래 즐기기 위한 핵심은 무엇인가?

충분한 준비운동, 심호흡, 무리하지 않는 샷, 그리고 규칙에 대한 이해와 안정적인 멘털 관리다.

골프 규칙 1.2a는 상대의 배려와 나의 이해가 만나야 편안한 관계가 된다는 걸 알려주는 것일까?

스크린골프 약속 시간에 맞춰 가는 도중에 게릴라성 호우 때문에 도저히 제시간에 도착할 수 없어서 김 대표님께 카톡 메시지를 보냈다. "대표님, 비 때문에 5분 정도 늦을 것 같습니다. 죄송합니다." 답장이 왔다. "천천히 오세요. 나는 15분 정도 늦어요. 안전 운전하세요." 그렇게 도착한 약속 장소에는 이미 일찌감치 김 대표님은 도착해 계셨고 빗속에 서두를 나를 배려해서 당신도 15분 늦는다고 거짓말을 했던 것이었다.

골프 규칙 1.2a는 골퍼가 성실하게 행동하고, 다른 사람을 배려하며, 코스를 보호해야 한다고 규정하고 있다. 규칙 1.2a는 단순한 조항이 아닌, 모든 골퍼가 지켜야 할 윤리적 가이드 라인으로서 중요한 의미가 있다. 이 규칙의 세 가지 핵심 원칙은 성실성, 배려, 그리고 코스 보호다.

첫 번째로 골퍼가 성실하게 행동한다는 것은 스코어를 정직하게 기록하고, 규칙을 정확히 따르며, 자신의 실수를 숨기지 않는 태도를 의미한다. 18홀 골프장 건설 시 필요한 면적은 입지 유형에 따라 차이가 있지만, 일반적으로 산지 골프장은 약 40만 평(약 132,000m^2), 평지 골프장은 약 20만 평(약 66,000m^2)이 필요하다. 이렇게 넓은 경기장을 사용하므로 골프는 심판이 별도로 존재하지 않아서 선수 본인의 양심이 곧 규칙이 된다. 스스로 자신의 스코어를 계산하고 벌타를 인정하는 행동은 개인의 명예와 직결되며, 골퍼의 자격을 증명하는 기준이다.

두 번째로 다른 사람을 배려하는 태도는 라운드하는 동안 동반자에게 불쾌감을 주지 않도록 조심하고, 소음이나 방해 요소를 최소화하는 것을 말한다. 배려(配 짝 배, 慮 생각할 려)는 '짝처럼(配) 마음으로 다른 사람을 생각함(慮), 도와주거나 보살펴 주려고 마음을 씀'이라는 뜻이다. 다른 사람을 배려하는 마음은 골프장에서의 공동체 정신을 강화한다. 소리를 내 웃거나, 볼이 날아갈 방향에 서 있거나, 플레이가 지나치게 느려지는 등의 행위는 모두 다른 사람의 경기를 방해할 수 있다. 골프는 혼자 즐기는 스포츠 같지만, 실제로는 동반자와 함께 만들어가는 경기다. 상대의 집중을 존중하고, 동반자의 리듬을 존중하며, 페이스를 맞춰주는 일은 골퍼의 배려심을 반영하는 중요한 요소다.

마지막은 코스를 보호하는 책임감이다. 골프 코스는 자연과 사람의 노력으로 이루어진 공간이다. 디보트를 메우고, 벙커를 정리하며, 그린을 손상하지 않도록 주의하는 것은 골퍼로서의 기본 책임이다. 자신의 흔적을 지우고 다음 사람을 배려하는 행동은 스포츠의 지속 가능성을 위해 꼭 필요하다. 자연과의 조화 속에서 즐기는 스포츠인 만큼, 환경과 시설을 존중하는 마음은 골퍼가 갖춰야 할 기본이다.

2021년 4월 일본의 마쓰야마 히데키가 아시아 선수로는 처음 마스터스에서 우승하던 날, 그의 캐디 하야후지 쇼타도 그 못지않게 유명해졌다. 마스터스 캐디 복장인 상하 흰색의 점프슈트에 초록색 모자를 쓴 하야후지는 18번 홀에서 코스를 향해 모자를 벗어 정중하게 머리를 숙였다. 이 모습은 중계방송사인 CBS를 비롯해 미 PGA투어 등 다양한 채널이 인상적인 장면으로 다시 소개했다. 그는 "단지 마스터스 코스가 우승을 허락해 줘서 고맙다는 인사를 하고 싶어 코스를 향해 머리를 숙였을 뿐이다."라고 했다.

규칙 1.2a는 골프의 정신을 가장 잘 드러내는 규칙이다. 성실함(Honesty), 배려(Consideration), 코스 보호(Care for the course)는 단순한 행동 지침이 아닌, 골퍼로서 지녀야 할 품격을 정의한다. 결국, 규칙 1.2a는 골퍼에게 요구하는 기술적인 능력보다 더 본질적인 것을 말해준다. 어떤 태도로 골프를 대하느냐(성실함), 어떤 마음으로 사람을 대하느냐(배려), 자연과 공간에 대해 어떤 책임을 지느냐(코스 보호)가 더 중요하다는 사실이다. 골프는 단지 점수를 겨루는 경기가 아니라, 인격을 수련하고, 예절을 실천하며, 공동체와 자연을 존중하는 삶의 방식이다.

사람과 사람 사이가 그냥 편안해진다는 건 불가능하다. 내가 편하게 여기는 누군가는 나를 위한 불편함을 감수하고 있기 때문이다. 만약 늘 편안하고 좋은 관계라면 서로 간의 배려가 분명히 밑바탕에 존재해야 한다. 한쪽의 일방적인 배려로는 관계가 유지될 수 없는 까닭이다. 상대의 배려와 나의 이해가 만나야 편안한 관계가 된다. 이런 배려와 이해가 담긴 규칙 1.2a를 마음에 새기고, 그 가치를 경기 내내 실천하는 것이 바로 골프라는 스포츠가 오랜 시간 사랑받는 이유다.

1.2a의 마음

내가 조용히 서 있는 동안
누군가는 내 집중을 지켜주고
내가 웃는 사이
누군가는 내 샷을 기다려준다.
디보트를 메우는 손길처럼
관계도
흔적을 지우는 배려로
다시 평평해진다.
편안한 관계란
누군가의 불편함 위에
내가 이해를 얹은 결과다

인문학적 성찰을 위한

Q1. 골프 규칙 1.2a는 무엇을 말해주는가?
성실함, 배려, 코스 보호—기술보다 중요한 골퍼의 품격을 정의한다.

Q2. 편안한 관계는 어떻게 만들어지는가?
상대의 배려와 나의 이해가 만나야 비로소 편안함이 생긴다.

Q3. 골프는 어떤 삶의 방식을 제안하는가?
점수보다 태도, 경쟁보다 존중, 경기보다 관계를 중시하는 삶의 철학이다.

골프 규칙 위반은 주홍 글자 A의 낙인인가, 새로운 브랜드인가?

미국 소설가 호손(Nathaniel Hawthorne)의 대표작 '주홍 글자'(The Scarlet Letter, 1850)에서 헤스터 프린은 간통을 저질러 사생아를 낳은 죄로 가슴에 간통을 의미하는 'A'(Adultery)자를 달고 산다. 그래서 '주홍 글자'는 어떤 죄나 잘못을 저지른 사람에게 평생 따라다니는 꼬리표 같은 관용어로 굳어졌다.

유망주로 주목을 받던 19세 여자 골퍼가 2022 한국 여자오픈 골프선수권대회 1라운드 15번 홀에서 자신의 것이 아닌 볼로 플레이를 한 것을 1개월이 지나 자진신고 했던 사건이 있었다. 그 결과 그 선수는 대한골프협회로부터 3년 출전 정지라는 징계를 받았고, 한국여자프로골프협회(KLPGA) 상벌위원회에서도 징계 결정을 했다. 징계와 상관없이 그 선수에게는 이미 '잘못된 볼'을 플레이한 선수로 낙인이

찍혀버렸다.

골프 규칙 '1.2 플레이어의 행동 기준(Standards of Player Conduct)'에서는 모든 플레이어가 지켜야 하는 행동 중에서 첫 번째로 '규칙을 따르고 모든 페널티를 적용하며 어떠한 상황에서도 정직하게 플레이하여야 한다'고 강조하고 있으며, 위원회는 플레이어의 부당한 행동에 대하여 실격이 아닌 다른 페널티도 부과할 수 있도록 하고 있다. 이 매우 부당한 행동 중에는 '관련 규칙을 위반하는 경우 페널티를 받게 됨에도 불구하고, 고의로 규칙에 따라 플레이하지 않음으로써 상당히 큰 잠재적인 이익을 얻는 행동'이 포함된다.

3년 출전 정지 징계 발표 후 부모나 코치 혹은 캐디에 대한 책임 또는 비난이 제기되기도 했지만, 그것은 본질적인 문제가 아니었다. 골프 규칙 1.3b 규칙의 적용에서는 '플레이어는 스스로 규칙을 적용하여야 할 책임이 있다'라고 명시하고 있다. 규칙을 위반한 경우, 플레이어는 스스로 그 위반 사실을 인지하고 스스로 그 페널티를 정직하게 적용하여야 한다. 페널티가 부과되는 규칙을 위반한 것을 알면서도 고의로 그 페널티를 적용하지 않은 경우, 플레이어는 실격이 되고, 둘 이상의 플레이어들이 어떤 규칙이나 페널티가 적용되는 것을 알면서도 고의로 그것을 무시하기로 합의한 후 그들 중 누구든 라운드를 시작한 경우, 그들이 그 합의를 아직 실행에 옮기지 않았더라도 그 플레이어들은 모두 실격이 된다.

1985년 디 오픈 예선에서 데이비드 로버트슨(스코틀랜드)이 그린 위에서 '동전 치기'로 볼 마커를 홀에 가까이 던지는 것이 적발되어 R&A는 로버트슨에게 평생 출전 정지의 중벌을 내렸고, 2022년 6월 부산 아시아드 컨트리클럽에서 열린 한국프로골프(KPGA) 2부 투어인 스릭슨 투어에서 소위 '알까기' 한 것을 인정하지 않다가 볼을 찾은 경기위원장에게 발각된 선수는 결국 잘못된 볼 플레이를 시인하고, 자격정지 5년에 5천만 원의 중징계를 받았다.

낙인(烙印)의 사전적 정의는 '쇠붙이로 만들어 불에 달구어 찍는 도장. 다시 씻기 어려운 불명예스럽고 욕된 판정이나 평판'을 이르는 말이다. 서양의 고대문명에는 기원전 5천여 년에도 사람들은 식기나 항아리, 벽돌이나 기와 등의 물건에 도공의 이름이나 특정 상징을 새겨 넣었고, 가축을 기르기 시작하면서부터 불에 달군 인두로 자기 가축에 고유의 낙인을 찍어 소유물을 확인하는 방법으로 사용했다. 우리말에도 이와 유사한 것으로 '시치미'가 있다. 고려 시대 때 몽골의 영향으로 왕실에서 매사냥을 즐기는 사람들이 많았는데, 매사냥 인구가 늘어나다 보니 길들인 사냥매를 도둑맞는 일이 잦아져 서로 자기 매에게 특별한 꼬리를 달아 표시했는데 그것을 '시치미'라고 했다. 그래서 시치미를 떼어버리면 누구의 소유인지 알 수 없게 되므로 여기에서 '시치미를 떼다'라는 말이 유래했다고 한다.

소설 '주홍 글자'에서 헤스터 프린은 주홍색 'A' 자를 평생 가슴에 붙이고 다니는 처벌을 받은 이후로 몸가짐을 조심히 하고 선행을 베푸는 데에 매진함으로써, 점차 동네 사람들의 평판 또한 개선되었다. 또한 그의 가슴에 단 주홍빛 A 글자 장식의 의미에 대한 해석 또한 adultery(간통)에서 able(유능함)이나 angel(천사) 따위로 변화하였다.

낙인은 불명예스러운 부정적 의미의 '오명(stigma)'으로 쓰이지만, 특정한 제품이나 서비스를 식별하는 데 사용되는 명칭·기호·디자인 등의 총칭을 의미하는 '브랜드(brand)'로도 사용된다. 협회의 징계 여부와 상관없이 자기의 가슴에 찍힌 낙인을 브랜드로 만들 것인지 벗어날 수 없는 오명으로 남길 것인지는 그 어린 선수의 마음가짐과 앞으로의 노력 여하에 달려 있다. 징계 해제 후 KLPGA에 성공적으로 복귀하여 현재 LPGA에서 활약하고 있는 그 선수가 성공적인 브랜드가 되기를 기원한다.

주홍 글자 A is

규칙은 침묵하지 않았다.
가슴에 오래 남을 이름 하나,
주홍빛 낙인을 찍었다.
규칙은 정직을 묻고
실수는 사람을 시험한다.

A, 그것은 Adultery가 아니라
내면의 Arrow였다.
혼란과 두려움을 꿰뚫고
정직이라는 목표를 향한 길잡이.

징계는 창이 되고 침묵은 연습이 된다.
모든 페어웨이 위에 다시 A를 새겨라.
Able—유능함의 상징으로
Angel—배려의 기호로

누군가는 보겠지
나의 볼이 어디를 향하고 있는지를.
언젠가는 알겠지
타깃을 향한 볼이 어디에 있는지를.

*Adultery : 간통 / Arrow : 화살 / Able : 유능한 / Angel : 천사

인문학적 성찰을 위한
Q & A

Q1. 골프에서 규칙 위반은 평생의 낙인인가?
그것은 오명일 수 있지만, 반성과 노력으로 브랜드로 바꿀 가능성도 있다.

Q2. 낙인은 어떻게 브랜드가 될 수 있는가?
실수를 인정하고, 정직하게 책임을 지며, 꾸준한 선행과 성취로 의미를 바꾸는 과정에서 낙인은 브랜드가 된다.

Q3. 골프 규칙은 단순한 규율인가, 인격의 시험인가?
골프는 기술보다 정직을 중시하며, 규칙은 플레이어의 인격과 태도를 시험하는 기준이다.

골프 규칙 위반에서
한 번 이상 반복된 실수는 선택일까?

골프는 심판이 없는 경기지만 어느 스포츠보다 정교한 규칙이 적용되는 공정한 스포츠고, 높은 수준의 예의와 도덕성이 요구된다. 골프선수가 규칙을 반드시 지켜야 하는 3가지 이유가 있다.

첫째는 공정한 경쟁 환경 유지다. 골프에서 규칙을 지키는 것은 모든 선수에게 공평한 기회를 제공하는 스포츠맨십의 핵심 가치다. 모든 참가자가 같은 규칙을 따르고 준수해야 그 결과가 정의롭고 명예롭게 인정받을 수 있다.

둘째는 자기 관리와 집중력 강화다. 규칙을 준수하는 것은 선수들에게 높은 수준의 자기 관리와 집중력을 요구한다. 모든 순간마다 규칙을 지키기 위해 선수는 자기의 행동에 책임을 져야 하며, 벌타에 승복하는 것은 선수의 성장과 발전에 긍정적인 영향을 미친다.

셋째는 존경과 예의의 표현이다. 골프는 전통적으로 존경과 예의를 강조하는 신사의 스포츠다. 규칙을 준수하는 것은 골프 그리고 함께 플레이하는 동반자에 대한 존경을 나타내는 것이다. 경기에 이기고 에티켓에 진다면 그 경기는 결국, 패한 것이다.

따라서, 골프선수가 규칙을 지키는 것은 골프의 본질을 이해하고 높은 수준의 스포츠 정신을 유지하기 위한 필수적인 요소다.

2024년 3월, 복귀 논란의 당사자가 된 윤이나 선수는 2022년 6월 제36회 한국여자오픈선수권대회 1라운드 경기 도중 잘못된 볼 플레이를 한 뒤 뒤늦게 신고하여 대한골프협회(KGA)와 한국여자프로골프협회(KLPGA)로부터 3년 출전 정지라는 징계를 받은 바 있다. 하지만, KGA는 2023년 9월에, KLPGA는 2024년 1월에 징계처분을 1년 6개월로 감경했고, 윤이나 선수는 2024년 3월 20일 이후부터는 모든 대회 출전이 가능해졌다.

결과적으로, 3년 자격정지가 감면 조치 되면서 남자 프로골퍼 김비오 선수의 손가락 욕 사례와 비교되고 있지만, 이 두 가지 사건은 차이가 있다. 윤이나 선수는 경쟁 관계에 있던 동료 선수들의 순위에 영향을 줄 수 있는 규칙을 명백히 위반했지만, 김비오 선수는 갤러리가 자신의 샷에 방해를 준 것에 대한 화풀이였다. 물론 두 경우 모두 협회 상벌위원회에 넘겨지어 자격정지 징계를 받았지만, 골프 규칙의 페널티 단계(규칙 1.3c)에는 1벌타, 2벌타, 실격만 있지 자격정지라는 조항은 없고, 그 경기를 관장하는 경기위원에게도 그런 권한은 없다. 자격정지는 선수가 소속되어 있는 협회 상벌위원회에서만 논의하여 결정할 수 있고, 그 사유는 대부분 협회의 명예 실추다.

KGA는 윤이나 선수가 징계 결정에 순응한 점, 징계 후 50여 시간의 사회 봉사활동과 미국 마이너리그 골프 투어 13개 대회에서 받은 상금 전액을 기부하는 등 진지하게 반성했다는 점, 구제를 호소하는 5천여 건 이상의 탄원서와 3년의 협회 징계가 KLPGA 투어 3년 출전 정지로 이어져 중징계에 가깝다는 여론적 평가 등을 고려해 출전 금지 기간을 반으로 덜어주는 대신, 사회 봉사활동 50시간을 추가했다고 설명했다.

하지만, 징계 기간의 감면 결정에 다소 아쉬운 부분이 몇 가지 있다. 첫째는 협회의 경영상의 이점이 고려된 측면이다. 여자골퍼로서는 장타자고 흥행 요소가 많은 선수라는 것은 부인할 수 없는 사실이지만 스포츠의 규칙준수가 경제적 이득에 의해 좌우되는 것은 대단히 위험한 상황이다. 둘째는 아직 어린 나이의 장래가 촉망되는 선수라는 개인적인 조건도 무시할 수 없었을 것이다. 30대 후반의 나이였거나, 우승할 정도로 두각을 나타내는 실력의 소유자가 아니었다면 이렇게 서둘러 감경 조치가 이루어지지 않았을 거라는 합리적 추측이 가능하다. 셋째로는 최초 3년 자격정지 결정과 1년 6개월 감경 결정 시기다.

해당 위원회에는 다른 법률처럼 자격정지에 해당하는 사항이나 자격정지 기간의 범위가 명문화되어있을 것이다. 이렇게 빨리 기간을 반으로 줄일 수 있다면 처음부터 자격정지 기간을 더 짧게 하는 게 복귀하는 선수도 더 떳떳하지 않을까? 우리나라 형법에도 가석방(假釋放, provisional release)제도가 있어 형기 만료 전에 수형자를 조건부로 석방한다. 교정성적이 양호하여 뉘우침의 빛이 뚜렷한 경우, 무기에 있어서는 20년, 유기에 있어서는 형기의 3분의 1을 지난 후 가석방심사위원회의 신청에 따라 법무부 장관이 행정처분으로 가석방을 할 수 있다. (형법 제72조) 하지만 현실적으로 가석방은 형기의 70%가 지나지 않은 수형자에게는 거의 이루어지지 않으며, 가석방자의 대부분은 형기의 80%가 지난 사람이다.

어찌 되었건 윤이나 선수는 2024년 3월 20일 이후 모든 KLPGA투어 대회에 출전할 수 있게 되었고, 2025년 LPGA 투어에 발을 들인 윤이나 선수는 '2025 루키 이어(ROOKIE YEAR)'라는 타이틀 아래, 아직 우승은 없지만 2025년 9월 14일 현재 19경기에 출전하여 12회 컷을 통과했고, 상금 총액은 약 39만 달러(약 5억3천만 원)를 기록하며 조금은 아쉬운 데뷔 시즌을 보내고 있다.

그녀를 아끼고 사랑하는 팬들의 순수한 마음과 그녀의 복귀에 대해 우려를 표하는 골프 팬들에게 보답하는 길은 경기마다 멋진 실력을 보여주는 것이다. '연금술사'로 유명한 브라질의 소설가 파울루 코엘류의 "한 번 이상 반복된 실수는 선택이다"라는 말을 깊이 새겨야 한다.

실수와 선택 사이의 페어웨이

한 번의 실수는 실수일 수 있다
그러나 반복된 실수는 선택이다,
페어웨이 위에서의 발걸음은
진심과 책임 사이를 걷는다.

공정함은 보이지 않는 심판이 되어
모든 샷에 정의를 부여한다.
자신을 다스리는 자만이
그린 위에서 빛날 수 있다.
벌타를 받아들이는 용기,
그것이 진정한 성장의 티샷이다.

벌타는 스코어에 남지만
선택은 기록을 남긴다.
골프는 규칙을 지키는 자에게
명예를 준다.

인문학적 성찰을 위한
Q & A

Q1. 골프에서 반복된 규칙 위반은 실수인가, 선택인가?

한 번은 실수일 수 있지만, 반복되면 그것은 의도적 선택이며, 책임을 수반하는 행위가 된다.

Q2. 규칙을 지키는 것이 왜 중요한가?

공정한 경쟁, 자기 관리, 동반자에 대한 존중이라는 골프의 핵심 가치를 지키기 위한 필수 조건이다.

Q3. 징계 감면은 어떤 기준으로 이루어져야 하는가?

선수의 반성과 사회적 기여는 고려될 수 있지만, 규칙의 권위와 공정성은 어떤 경우에도 흔들려선 안 된다.

골퍼 개인의 기본권과 협회의 이익이 대립할 때 정의의 여신 디케의 저울은?

그리스. 로마신화에 나오는 디케(Dike), '정의의 여신'은 제우스의 딸로 로마신화에서 '유스티티아(Justitia)'로 불렸는데 이것이 영어 'Justice(정의)'의 어원이 됐다. 정의의 여신상은 시대가 많이 흐르면서 나라마다 조금씩 다른 모습이나 대체로 헝겊으로 눈을 가린 채 오른손에는 칼, 왼손에는 천칭 저울을 들고 서 있는 모습이다. 눈을 가린 것은 어떤 편견과 선입견을 배제하려는 것이고, 칼은 엄격한 법과 정의의 집행, 천칭 저울은 공평하고 공정한 재판을 의미한다고 한다. 골퍼 개인의 기본권과 협회의 이익이 대립할 때 정의의 여신상 디케의 저울은 어느 쪽으로 기울까?

한국여자프로골프협회가 홈페이지에 '비공인 해외투어 참가 관련 안내'(2023.09.16.)라는 제목으로 2023년 10월 20일 시작하는 LPGA 주관 'BMW 레이디스 챔피언십'은 협회의 공인을 받지 못한 대회로 분류되어 LPGA 투어 시드권자가 아닌 경우, 출전할 수 없음을 공지하면서 이를 어기면 상벌 분과위원회 '제3장 징계' 규정(2021.01.26. 제1차 이사회 의결사항)에 근거하여 최대 10개 대회까지 출장 정지와 함께 범칙금(10만 원~최대 1억 원)이 부과될 수 있음을 알리면서 논란이 일었었다.

우리나라 헌법 제15조에서는 "모든 국민은 직업선택의 자유를 가진다"라고 하여 직업선택의 자유를 보장하고 있다. 자기가 원하는 바에 따라 어떤 직업이라도 자유로이 선택할 수 있는 자유를 말하며, 직업을 결정하는 자유뿐만 아니라 그 직업에 종사하는 자유, 즉 영업의 자유(직업의 수행이나 경영의 자유)도 그 안에 포함된다. 직업선택의 자유는 언론, 출판, 집회, 종교의 자유와 함께 국민의 자유권적 기본권으로서 직업선택의 자유가 갖는 법적 성격은 경제적 활동에 대한 자유권이다.

직업선택의 자유에 대한 제한은 헌법 제37조 2항에 규정된 국가안전보장·질서유지 또는 공공복리를 위하여 필요한 때에만 법률로써 제한할 수 있으며, 제한할 때도 자유와 권리의 본질적인 내용을 침해할 수 없다. 여기서 국가안전보장이란 외부로부터 국가의 독립, 영토의 보존, 헌법에 따라 설치된 국가기관의 유지를 뜻하고, 질서유지는 내부에서 국가의 존립과 안전의 보장을 의미하고, 마지막으로 공공복리의 개념은 관점에 따라 다르게 이해되는데 개인과 대립하는 것이 아니라 개인을 포함한 국민의 전체적인 복리를 뜻한다.

직업선택의 자유를 제한하는 예를 크게 나누면, 사회적 해악의 발생을 방지하기 위한 목적에서 제한하는 경우와 일정한 정책을 펴기 위한 목적에서 제한하는 경우가 있다. 그렇다면 "BMW 레이디스 챔피언십보다는 KH그룹 IHQ 칸배 여자오픈, 그리고 본 대회에 참가하는 다수의 회원을 먼저 고려할 수밖에 없다"라는 KLPGA의 주장은 일정한 정책을 펴기 위한 목적에서 제한하는 경우로 봐야 할 것이다.

이제 우리가 따져봐야 할 것은 협회가 투어 기간 중 소속 선수들의 해외 경기참가를 연간 3회로 제한하는 것이 다수회원들의 이익을 위한 정책인가이다. KLPGA 측은 "KLPGA투어 대회가 더 활성화되어 수많은 스타 선수들이 탄생하길 바라는 마음에서 신설된 규정"이라고 말하고 있지만, 정작 선수들, 특히 대부분의 상위권 선수들 목표는 국내 투어를 뛰면서도 미국이나 일본 여자프로골프투어를 뛸 수 있는 시드권을 획득하는 게 목표다. 국내 여자프로 선수들이 LPGA Q스쿨을 거치지 않고 미국 투어에 진출할 수 있는 유일한 통로는 국내에서 열리는 LPGA 대회에서 우승하는 것이다. 한때 세계랭킹 1위였던 고진영 선수도 2017 LPGA KEB 하나은행 챔피언십 우승으로 2018시즌 LPGA 투어에 진출할 수 있었다.

LPGA는 2003년 나인브릿지 클래식을 시작으로 국내에서 해마다 대회를 열었고, 하나금융그룹 챔피언십, BMW 챔피언십으로 이어졌다.

국내에서 열리는 LPGA 대회에는 KLPGA 상위 12명과 초청 선수 몇몇이 참가하다가 2019년부터는 30명으로 늘어났다. 2019년 BMW 레이디스 챔피언십에는 LPGA 선수 50명과 KLPGA 선수 30명이 참가했고, 코로나 영향으로 2년 만에 열린 2021년 대회 때에는 LPGA 출신 50명과 KLPGA 출신 30명 그리고 대회 초청 선수 4명 등 84명이 출전했다. 이렇게 많은 협회 소속 선수들이 참가하여 미국 투어 진출 기회를 잡을 수도 있는 대회에 출전하지 못하게 하는 것이 국내 투어를 활성화하고 스타 선수를 발굴하는 방법일까에 대한 의구심이 든다.

KLPGA가 지금처럼 세계최강의 자리에 올라 인기를 누리게 된 것은 LPGA 투어 25승으로 한국 선수 최다승 기록을 보유한 박세리 선수의 1998년 US오픈 우승 때문이다. 그 후 박인비, 신지애, 박성현, 장하나, 고진영으로 이어지는 국외파 선수들의 활약이 국내 여자프로골프의 활성화로 이어졌다. 2021년 BMW 레이디스 챔피언십에서도 치열한 연장 접전 끝에 고진영이 KLPGA 소속 임희정을 꺾고 챔피언의 자리에 올라, 한국 선수 LPGA 투어 통산 200승 기록의 주인공이 된 것은 물론 개인적으로는 세계랭킹 1위 자리에도 복귀했었다.

LPGA 투어 중계권자인 JTBC골프와 KLPGA투어 중계권자인 SBS 골프와의 갈등이 결국 LPGA와 KLPGA가 같은 기간 각 각의 대회를 열게 했다는 뒷얘기는 차치하고라도 KLPGA가 소속 선수들의 BMW 챔피언십 출전을 막은 것은 국내 프로골프 발전에 전혀 도움이 되지 않는다. KLPGA의 자국 투어 보호를 위한 결정과 선수 개인의 기본권이 충돌한다면 그 규정은 다시 한번 살펴볼 필요가 있으며, 차라리 일정 수 이상 국내 대회 출전 기준을 충족하면 해외 대회 참가 횟수를 제한하지 않는 것이 더 합리적일 것이다.

그리고 가장 중요한 것은 어느 대회장으로 발길을 돌릴 것인가는 협회나 선수가 아닌 갤러리, 즉 골퍼들의 선택에 달려 있다는 것이다. 폐쇄적인 운영으로 논란이 계속된다면 결국 골퍼들의 외면을 받게 되는, 소속 선수들의 이익을 외면하는 그들만의 협회가 될 수 있음을 잊지 말아야 한다.

다행스럽게도, 한국여자프로골프(KLPGA)투어가 한국 여자골프의 세계 경쟁력 강화를 위해 '문'을 활짝 열었다. KLPGA투어는 2025년 3월 31일 제3차 이사회에서 국내 메이저 대회 의무 참가 규정을 폐지하고 외국 메이저 대회 참가 선수에게 KLPGA 대상 포인트를 부여하기로 했다. 그동안 KLPGA투어는 외국 대회와 국내 메이저 대회의 일정이 겹칠 경우, 국내 메이저 대회 출전을 의무화했다. 하지만 김상열 회장의 취임에 맞춰 이 규정을 없애고 선수가 선택권을 갖도록 했다. 또 KLPGA투어 소속 선수가 해외 메이저 대회에 참가해 상위 성적을 내면 해당 순위에 대해 국내 메이저 대회와 같은 대상 포인트를 주기로 했다. KLPGA투어는 "이번 규정 개정은 '글로벌 넘버원 투어'를 향한 의미 있는 진전이다. 선수들에게 더 큰 성장의 발판이자 도전의 기회를 제공하며 세계 무대에서 활약하는 KLPGA 선수들을 통해 국내 투어의 글로벌 입지도 한층 강화될 것"이라고 기대했다.

디케의 저울과 정의

눈을 가린 여신의
오른손엔 칼, 왼손엔 저울
한쪽은 자유, 다른 쪽은 질서
그녀는 여전히 눈을 감고 있다.
누구의 목소리도 듣지 못한 채
단지 무게만 재고 있을 뿐
이익인가, 권리인가
꿈인가, 구조인가
그리고 여신의 저울은
마침내 멈춘다.
정의는
계약서가 아니라
클럽을 잡은 손이
향하는 곳에서 시작된다.

인문학적 성찰을 위한 Q & A

Q1. 골퍼의 기본권과 협회의 이익이 충돌할 때, 정의는 누구의 편인가?

정의는 어느 한쪽의 편이 아니라, 모두에게 공정한 기회를 보장하는 균형의 편이다.

Q2. 협회의 규정은 선수의 자유를 제한할 수 있는가?

헌법상 직업선택의 자유는 공공복리를 위해 제한될 수 있지만, 그 제한은 본질을 침해하지 않아야 하며, 합리성과 투명성이 필요하다.

Q3. 골프의 미래는 누가 결정하는가?

선수도 협회도 아닌, 결국은 갤러리와 팬들의 선택이 결정한다. 폐쇄적 운영은 외면을 부르고, 열린 기회는 성장을 이끈다.

규칙의 미로 속에서:
골프가 비추는 질서와 형평

골프는 규칙의 스포츠다. 하지만 그 규칙은 단순한 기술적 지침을 넘어서, 인간의 윤리와 질서를 반영하는 철학적 구조를 갖추고 있다. 1744년 스코틀랜드에서 단 한 페이지로 시작된 골프 규칙은 오늘날 200페이지가 넘는 복잡한 체계로 진화했다. 해설서까지 포함하면 500페이지를 넘는다. 이 방대한 규칙집은 골프의 정교함과 전문성을 보여주는 동시에, 일반 골퍼들에게는 형평성과 접근성의 장벽으로 작용하기도 한다.

전 KLPGA 최진하 경기위원장은 "규칙이 방대해질수록 플레이어는 스스로 판단하기보다 위원회에 의존하게 된다"라고 지적한다. 이는 골프가 본래 지향하던 '자기 심판(Self-refereeing)'의 철학과 충돌하는 지점이다. 골프는 선수가 스스로 규칙을 적용하고, 자기 행동을 판단하는 스포츠다. 정직성과 자기통제, 윤리적 판단이 경기의 핵심 요소로 작용한다. 그러나 규칙이 지나치게 복잡해지면, 이러한 윤리적 기반은 흔들릴 수밖에 없다.

형평성 문제는 실제 경기에서도 드러난다. 일본의 하타오카 나사는 2024년 한 대회에서 러프 속에 있던 볼을 3분 25초 만에 찾아 플레이했지만, 규칙상 허용된 볼 찾기에 허용된 시간은 3분이었기에 실격 처리되었다. 단 25초의 차이로 올림픽 출전 기회를 잃은 이 사례는 규칙의 엄격함과 인간적 형평 사이의 틈을 극명하게 보여준다. 규칙은 명확했지만, 그 적용은 과연 공정했을까? 이 질문은 골프가 단순한 스포츠를 넘어 인간의 도덕성과 질서를 어떻게 반영하는지를 묻는 철학적 성찰로 이어진다.

골프 규칙에는 '형평성 조항(Equity Rule)'이라는 독특한 규정이 있다. 규칙에 명시되지 않은 상황에서는 형평의 이념에 따라 판단해야 한다는 이 조항은, 규칙의 미비함을 인간적 판단으로 보완하는 장치다. (20.3) 실제로 2014~2015년 사이에 이루어진 1,252건의 규칙 재정(裁定) 중 98건이 이 형평성 조항을 적용한 사례였다. 이는 전체 재정의 7.83%에 해당하며, 골프 규칙에서 형평이 얼마나 중요한 원칙으로 작용하는지를 보여준다.

하지만 형평성 조항은 그 자체로도 해석의 여지가 많다. "러프 속에 있어서 찾지 못한 볼(진실)은 분실된 볼(사실)이 된다"라는 최진하 위원장의 표현은, 골프가 진실을 추구하는 게임이 아니라 사실을 기반으로 판단하는 게임이라는 점을 강조한다. 이는 규칙이 모든 상황을 포괄할 수 없다는 한계를 인정하면서도, 그 빈틈을 윤리적 사고로 메우려는 골프의 철학을 보여준다.

최근 R&A와 USGA는 규칙 간소화를 위한 개정을 시도했다. 드롭 방식의 단순화, 깃대를 꽂은 채 퍼팅 허용, 플레이 속도 개선 등은 골퍼들이 규칙을 더 쉽게 이해하고 적용할 수 있도록 돕는 변화였다. 하지만 여전히 많은 골퍼가 실전에서 규칙을 혼동하거나 잘못 적용하는 사례가 존재한다. 이는 단순한 규정 변경만으로는 충분하지 않으며, 규칙에 대한 교육과 안내 방식의 개선이 병행되어야 함을 시사한다.

디지털 시대에 맞춰 모바일 앱, 영상 콘텐츠, 양방향 퀴즈 등을 활용한 규칙 교육은 골퍼들이 규칙을 보다 직관적으로 이해하고 실전에 적용할 수 있도록 돕는다. 이는 단순한 정보 전달을 넘어, 골프가 지향하는 윤리적 질서와 스포츠맨십을 함양하는 교육적 도구로 작용할 수 있다.

결국 골프의 규칙은 인간을 읽는 도구다. 규칙을 어떻게 해석하고 적용하는가에 따라, 그 사람의 윤리적 기준과 사고방식이 드러난다. 규칙이 지나치게 복잡해져 형평성을 해친다면, 이는 골프가 지향하는 질서의 철학과도 충돌하게 된다. 골프가 진정한 '질서의 스포츠'로 남기 위해서는, 규칙이 누구에게나 명확하고 공정하게 적용될 수 있도록 지속적인 개선과 교육이 필요하다. 그리고 그 과정에서 우리는 골프를 통해 사람을, 그리고 사람 속의 질서를 읽게 된다.

질서의 그린 위에서

깊은 러프 속에 숨은 공 하나
진실은 보이지 않고, 규칙은 말한다.
"3분이 지나면, 그것은 잊혀진 사실"

깃대는 흔들리고, 바람은 묻는다.
너는 정직했는가, 너는 스스로를 심판했는가?
그린 위의 고요는 윤리의 거울.

한 줄의 규칙이
한 사람의 꿈을 가를 때
우리는 질서를 묻는다, 형평을 묻는다.

골프는 말이 없다.
그러나 그 침묵 속에서
우리는 사람을 읽는다.

인문학적 성찰을 위한 Q&A

Q1. 규칙이 인간의 윤리를 대변할 수 있는가?

규칙은 윤리를 반영하려는 틀이지만, 고정된 기준은 인간성의 유연함을 담기 어렵다. 윤리적 판단을 수용할 여지를 남길 때, 규칙은 인간성을 품게 된다.

Q2. 형평성과 공정성은 같은 개념인가?

형평성은 맥락을 고려한 공정함, 공정성은 규칙의 일관된 적용이다. 진정한 스포츠맨십은 이 둘의 균형 속에서 실현된다.

Q3. 자기 심판(Self-refereeing)은 가능한 이상인가, 실천 가능한 윤리인가?

자기 심판은 이상이자 실천 가능한 윤리이며, 정직성과 자기통제가 핵심이다. 이를 유지하려면 규칙의 명료성과 지속적인 교육이 필요히다.

골퍼들이 가장 자주 어기는 골프 규칙

골프는 흔히 '룰의 스포츠'라 불린다. 공정성과 정직을 중시하는 만큼, 규칙 준수가 경기를 성립시키는 근간이 된다. 그러나 실제 코스 위에서 아마추어 골퍼들의 라운드 모습을 보면 의외로 규칙 위반이 빈번하다. 규정을 몰라서이기도 하고, 알면서도 무심코 넘어가는 경우도 많다. 규칙을 지킨다는 것은 단순한 절차가 아니라, 함께 플레이하는 동반자와의 신뢰를 확인하는 행위다. 그렇다면 어떤 규칙들이 가장 흔히 어겨지며, 그 해결책은 무엇일까?

1. 볼 위치 마킹과 리플레이스의 소홀함

퍼팅그린에서 볼을 집어 올릴 때는 볼 주위에 반드시 인공물로 된 볼마커를 놓고 볼을 들어올려야 한다. (14.1a) 하지만 실제 코스에서는 발끝으로 표시했다가 다시 놓거나, 리플레이스할 때 원래 자리보다 약간 유리한 지점으로 옮겨 놓는 일이 자주 벌어진다. 이는 명백한 규칙 위반이며, 의도적이든 아니든 신뢰를 손상한다. 반드시 마커를 휴대하고 원위치에 두는 습관을 생활화해야 한다. 작은 습관이 큰 신뢰를 만든다.

플레이어가 집어 올린 볼을 정확한 지점에 리플레이스할 수 있도록 그 지점을 정확하게 마크할 것을 강조하기 위해 '볼 바로 뒤' 또는 '볼 바로 옆'이라는 표현을 사용한다. 볼을 마크할 때는 볼 바로 옆이기만 하면, 그 볼 둘레의 어느 위치든 그 볼을 마크할 수 있다. 즉, 볼마커를 볼 앞이나 옆에 놓아두는 것도 허용된다.

2. 페널티 구역 구제 처리의 혼란

볼이 페널티 구역에 들어갔을 때, 많은 골퍼는 단순히 '옆으로 나와서 1벌타'라는 식으로 처리한다. 하지만 실제 규정은 구역의 표시(빨간 말뚝, 노란 말뚝)에 따라 드롭 지점과 구제 방법이 다르다. (17.1d) 최소한의 규칙을 숙지하고, 필요하다면 스마트폰 앱이나 동반자나 캐디와의 상의를 통해 올바른 구제 절차를 확인하는 것이 필요하다.

빨간색 또는 노란색 페널티 구역에 볼이 들어가면 플레이어는 17.1d (1)에 따라 직전의 스트로크를 한 곳에서 원래의 볼이나 다른 볼을 플레이할 수 있고, (2)에 따라 원래의 볼이 페널티구역의 경계를 마지막으로 통과한 것으로 추정되는 지점과 퍼팅그린의 홀을 연결한 후방선 위에 원래의 볼 또는 다른 볼을 드롭할 수 있다. 후방으로 얼마나 멀리 드롭하는가에 대한 거리 제한은 없다. 후방선 구제의 경우, 구제구역은 그 후방선상에 볼이 드롭될 때 최초로 지면에 닿은 지점으로부터 어느 방향으로든 한 클럽 길이 이내의 구역으로 결정된다.

빨간 페널티구역 구역은 구제 방법이 하나 더 있는데 바로 측면 구제다. (17.1d(1)/3) 플레이어의 볼이 빨간 페널티구역의 경계를 마지막으로 통과한 경우, 플레이어는 그 통과지점을 기준점으로 두 클럽 길이 이내의 구역에 원래의 볼이나 다른 볼을 드롭할 수 있다. 구제구역은 반드시 기준점보다 홀에 더 가깝지 않아야 하며 그 페널티구역 이외의 어떤 코스의 구역에나 있을 수 있다.

3. 로스트 볼 처리의 간과

볼이 사라지면 원칙적으로 3분 안에 찾지 못하면 원위치로 돌아가 1벌타 후 다시 쳐야 한다. (18.2a) 하지만 현실 라운드에서는 '그냥 근처에서 새 공으로 치자'며 넘어가는 경우가 대부분이다. 따라서, '프로비저널 볼'을 적극적으로 활용해야 한다. (18.3) 미리 선언하고 쳐두면 플레이 속도도 지키고 규칙도 준수할 수 있다.

플레이어는 프로비저널볼에 스트로크를 하기 전에, 반드시 누군가에게 자신이 프로비저널볼을 플레이하려고 한다는 것을 선언하여야 한다. (18.3b) 플레이어가 단지 다른 볼을 플레이하겠다거나 다시 플레이하겠다고 말하는 것만으로는 충분하지 않고, 반드시 '프로비저널볼'이라는 용어를 사용하거나, 또는 규칙 18.3에 따라 잠정적으로 볼을 플레이한다는 의사를 명백하게 나타내야 한다.

플레이어가 프로비저널볼을 플레이할 의도가 있었더라도 그런 의도를 누군가에게 선언하지 않고 직전의 스트로크를 한 곳에서 볼을 플레이한 경우, 그 볼은 1벌타를 받은 상태의 볼이다.

4. 언플레이어블 볼의 잘못된 이해

 러프나 나무 밑에 들어간 공은 종종 무심코 꺼내 1벌타 후 플레이한다. 하지만 규정은 (1) 원래 자리에서 다시 치기, (2) 홀과 직선 뒤로 무제한 후퇴, (3) 두 클럽 이내 드롭이라는 세 가지 선택지를 허용한다. 본인이 어떤 옵션을 선택했는지 반드시 동반자에게 알리고, 합의 속에서 진행하는 투명성이 필요하다.

플레이어는 페널티구역 이외의 코스 어디에서나 1벌타를 받고 언플레이어블볼 구제를 선택할 수 있다. (19.1) 원래의 볼이 발견되지 않았거나 확인되지 않았더라도, 플레이어는 19.2a에 따라 스트로크와 거리 구제를 받아 직전의 스트로크를 한 곳에서 원래의 볼을 플레이할 수도 있고, 다른 볼을 플레이할 수도 있지만, 19.2b에 따라 후방선 구제받거나, 19.2c에 따라 측면 구제를 받으려면, 반드시 원래의 볼이 있는 지점을 알아야 한다.

이러한 규칙 위반 못지않게 중요한 것이 에티켓이다. 퍼팅라인을 밟거나, 티샷 순서를 무시하는 등의 행동은 벌타는 없지만 동반자 존중을 훼손한다. 에티켓 또한 규칙이라는 인식을 갖고, 작은 행동 하나에도 배려와 존중을 담아야 한다.

골퍼들이 규칙을 어기는 가장 큰 이유는 '잘 몰라서' 혹은 '귀찮아서'다. 그러나 규칙 준수는 단순히 벌타를 피하는 차원이 아니라, 동반자와의 신뢰와 경기 품격을 지키는 일이다. 작은 편법이 누적되면 골프가 가진 본질적 매력은 사라진다.

아마추어 골퍼에게 중요한 것은 완벽한 규칙 숙지가 아니라 '배우려는 태도'와 '정직한 자세'다. 휴대전화로 확인 가능한 규칙 온라인 링크, 모바일 앱, 교육 콘텐츠가 풍부한 시대에 규칙은 더 이상 먼 존재가 아니다. 결국 골프는 볼을 다루는 기술의 경기이자, 마음을 다스리는 규칙의 경기다. 규칙을 지키는 순간, 우리는 단순한 플레이어를 넘어 진정한 골퍼가 된다.

잔디 위의 약속

이슬 맺힌 그린 위에
볼 하나 숨 쉬고,
나는 작은 마커로
마음을 표시한다.
바람은 말이 없지만
그 속엔 신뢰가 흐른다.

유혹은 손짓하고
볼은 사라지지만,
나는 되돌아간다,
정직이 시작된 자리로.
잃은 건 볼이 아니라
함께 걷는 이의 믿음일지도.

먼 길을 돌아서
나는 골퍼가 된다.
잔디는 기억한다.
말없이 지킨 규칙,
그 위에 피어난 약속의 꽃을.

인문학적 성찰을 위한

Q1. 규칙은 나를 속박하는가, 아니면 자유롭게 하는가?

규칙은 혼란을 막고, 모두가 공정하게 즐길 수 있게 해주는 자유의 조건이다.

Q2. 정직은 언제 가장 빛나는가?

정직은 남이 지켜볼 때보다, 아무도 보지 않는 순간에 더욱 빛난다. 골프는 이 진리를 매 순간 확인하게 한다.

Q3. 승부와 신뢰, 어느 쪽이 더 중요한가?

골프에서 승부는 순간이지만, 신뢰는 평생을 간다. 규칙을 어겨 얻은 한 타 이익은 곧 잊히지만, 정직하게 지킨 신뢰는 동반자들의 기억 속에 오래 남는다.